NF文庫
ノンフィクション

昭和天皇の艦長

沖縄出身提督 漢那憲和の生涯

惠 隆之介

潮書房光人新社

海軍少将正装の漢那憲和。帝国海軍部内で「航海術の権威」と謳われた漢那は、皇太子ご外遊時の御召艦艦長という海軍士官最高の名誉に輝いた。胸間を飾る勲章の中には英、仏、伊から贈られたものもある。

皇室史上初のご外遊を体験された皇太子殿下（後の昭和天皇）と「香取」士官たち。（前列中央が陛下、左側が漢那。大正10年9月1日。館山湾仮泊「香取」艦上にて）

英国ポーツマス湾へ無事到着した御召艦「香取」。乗組員全員、艦上で記念撮影。

地中海上第廿回の御誕辰を祝ひ奉りて

ふえにきあのむかし栄えしこの海に

御子あれましし日を祝ふかな

漢那憲和書

ふえにきあのむかし栄えしこの海に　御子あれましし日を祝ふかな

昭和天皇が皇太子時代（大正十年）、ヨーロッパを巡遊された際、地中海上で二十歳の誕生日を迎えられた。このとき、御召艦艦長の漢那大佐が詠んだ歌である（フェニキアとは、紀元前二千年紀、地中海東岸に栄えた国）

下国良之助は沖縄中学教頭として「沖縄の吉田松陰」とまで謳われていたが、校長の児玉喜八と対立し免職となった。その下国（前列中央。右隣が漢那）と別れを惜しむ生徒たち。（明治28年12月15日、那覇尋常小学校校庭にて）

明治29年3月、漢那は全校生徒に呼びかけて、児玉校長排斥のストライキを起こすことになった。前列左から照屋宏、漢那。中列右端が金城紀光。後列左から伊波普猷、西銘五郎。

母 漢那オト 廃藩置県の激動の中で夫を失い、女手一つで二児を育て上げた。

明治43年2月9日、33歳の漢那は琉球王五女の尚政子（18歳）と結婚。多くの沖縄県民に祝福された。

海軍軍令部参謀兼海軍大学校教官時代。当時海大では山本五十六らが学んでいた。

明治38年10月、日本海海戦に巡洋艦「音羽」の航海長として凱旋。恩師下国良之助と再会を喜ぶ漢那。

中学ストライキの盟友照屋宏(左)は、京都帝大工学部を卒業。台湾総督府工務課長として台湾鉄道の完成に功績を残している。

大正14年5月、陸軍中尉の秩父宮（前列中央）を沖縄に奉迎した漢那憲和（前列右）。秩父宮の左後方が尚順男爵。この年、漢那は予備役となっている。

大正15年3月には海軍少尉の高松宮を沖縄に迎えている。写真は右3人目から亀井沖縄県知事、高松宮、岡田啓介大将、漢那。岡田はこの後、首相、海相を歴任する。

昭和12年、衆議院議員選挙で3期目の当選をはたし、予算委員に名を連ねた漢那（2列目左から4人目）。鳩山一郎（1列目左から6人目）や片山哲（3列目一番左）や芦田均（4列目左から3人目）といった、戦後に総理になった方の顔も見える。

昭和14年、平沼内閣内務政務次官に就任、総理官邸前庭で記念撮影。前列左から3人目が内務次官の漢那憲和、6人目が平沼騏一郎総理。この年漢那は、司法制度調査会、都市計画中央委員会、議会制度審議会等、いくつもの委員に任じられている。

左より四女・緑、妻・政子、長女婿・寛二郎、幸子長女・順子、長女・幸子、次女・喜子、漢那憲和、三女・百合子。漢那が沖縄出身初の内務政務次官に就任した昭和14年6月撮影。

公職追放令による軍人恩給停止により漢那（69歳）の生活は困窮していた。右は左半身不随となった政子夫人（55歳）。昭和22年鎌倉にて。

昭和天皇の艦長——目次

第四章　有終の美

昭和天皇の艦長

——沖縄出身提督　漢那憲和の生涯

凡例

一、年号に続く（　）内は西暦を示す。
二、年齢は満年齢による。
三、文献のうち、書籍名は『　』で、新聞・雑誌・論稿・資料名などは「　」で表記した。
四、本書における資料の直接引用にあたっては、原則として忠実に再現するようにしたが、旧漢字、および旧仮名使い等は、読み易くするため、歌をのぞいては現代漢字および現代仮名使いに改めた。
五、回想文、取材記録などの引用の際、明らかに誤字、脱字、事実誤認と認められる字句は、筆者の裁量によって訂正した。また、難解な字句や誤読の惧れがあるとみられる若干の箇所については、筆者が、文意を損わない範囲で表現の変更を行った。
六、参考引用文献は、極力明記するようにしたが、関係者から収集したものの中には、戦災、および提供者の物故などにより、どうしても書籍名（新聞は発行日、社名等）が判明しないものがあった。

まえがき

本書のオリジナルは、昭和六十年二月一日に自費出版したものである。その際、昭和天皇が台覧されるという栄誉に浴した。しかし月日の経過と共にその存在も忘却されようとしていた。

ところが平成十九年、「文藝春秋」十月号で、昭和天皇が最晩年、この本をご愛読されたことが阿川弘之氏によって紹介された。

その直後から再版を求める声が澎湃《ほうはい》と起きたのである。

そこでこのたび産經新聞出版のご厚意により、新たな形で出版されることとなった。

今回の出版にあたっては、その後発見された外交文書や、近年開示された秘密会議議事録等も挿入し、内容をより充実させた。

ところで、昭和天皇は昭和四十二年の歌会始において、皇太子時代欧州ご外遊時の思い出を基に、お歌をお作りになられている。

陛下のご生涯で最も楽しかった時代であったと御発言された皇太子時代の欧州ご外遊、そのときの御召艦「香取《かとり》」艦長を務めた沖縄県出身漢那《かんな》憲和《けんわ》少将への陛下の思いは、ことのほか深かったようである。

陛下は昭和六十二年、沖縄への行幸を切望されておられた。あいにく、ご病気でお取りやめになったのであるが、陛下は最晩年、沖縄への思いをより深くされておられたのである。

本書（原版）執筆の際は、海軍の先輩高松宮殿下、そして入江《いりえ》相政《すけまさ》侍従長から大変お世話になった。とくに殿下には、陛下に往時の思い出をお尋ねいただいた。また私自身、殿下を通じて陛下のお言葉をも賜ったのである。昭和天皇はその際、本書の発刊をことのほか喜んでおられた。

沖縄では近年、被害者意識が増幅され、「廃藩置県によって琉球王国は日本に滅ぼされた」というデマゴーグが横行している。また本書の主人公漢那憲和を知る県民も殆ど亡くなった。

そこで本書を一読されれば、近代日本が沖縄振興のためいかに国力を傾注したか、また皇室がいかに沖縄県民への思いを深くされておられるかをご理解いただけると思う。

以上、本書はこの視点から、日本近代史を知るよすがになるものと確信している。

平成二十一年七月

恵　隆之介

第一章　少年時代

賢母と恩師

誕生と廃藩置県

明治二十八年（一八九五）、日清戦争のころである。

筒袖着物と袴《はかま》を着けた沖縄県尋常中学校（後の県立一中、現在の首里《しゅり》高校）の学生たちが、一団になって首里街道を歩んでいた。せみしぐれに包まれた街道には亜熱帯特有の草木が生い茂り、琉球一千年の歴史を物語るかのようである。

意気盛んな彼らは、灼熱の太陽も地表の照り返しも何ら苦にしていない。

ふと、最前列中央に眼をやると、この集団のリーダーなのか、背丈が低く、がっしりした青年が悠々と歩いている。

一団は崇元寺廟《そうげんじびょう》前にさしかかった。

「脱帽」

最前列の学生が号令すると、学生たちはいっせいに従った。

眼光鮮やかなこの青年が、漢那憲和である。

当時、漢那は十八歳で、沖縄中学の最上級生。片道四㌔の道筋をとおって、那覇から首里にある中学へ通学していた。ところが、彼を慕う下級生たちがその後を追うようになり、いつのまにかこのような集団を形成していたのである。

漢那の面前を横切れる下級生など、一人もいなかった。

しかしこの学生たちは、漢那が間もなく退学して、校長排斥のストライキを首謀しようなどとは、予想だにしていなかった。

その後、漢那は海軍士官をこころざし、昭和天皇が皇太子時代、欧州御外遊時の御召艦艦長として海軍士官最高の名誉に輝き、また予備役後は、衆議院議員として沖縄県出身者初の内務政務次官に就任、さらに衆議院議長候補にまで躍進していくのである。

漢那は、明治十年（一八七七）九月六日、琉球藩、那覇区西村（今の西町）にある漢那家の長男として生れた。母オトは十八歳、父憲慎《けんしん》は二十五歳で、王府の税関吏《フナテイヤクニン》をつとめていた。

ここ西村は、那覇港北岸に面し、古くから港町として栄えていた。

漢那の生家の南東、二キロの位置には、漫湖《まんこ》という湖がある。当時はノハ川や国場《こくば》川から流れる清流をたたえて澄んでいた。そしてこの辺りには、知念《ちねん》森やガーナ森があり、色とりどりの草木が繁茂して、年中、さまざまな鳥がさえずっていた。

少年時代の漢那は、この川や海で泳ぎ、森の中を駆けまわっていたことだろう。

ところで、父親の職業である税関吏は、琉球の科挙ともいわれ、その登用試験は王国最大の難関であった。

そもそも琉球王国は、中国大陸と日本本土との中継貿易で成り立っており、これを司る税関吏は、当時かなりの重職であった。また、王府の高職の中で唯一の試験登用制であったため、有能な士族青年にはかなりの魅力があった。

「畳にヒザの跡がつくぐらい勉強せねば、税関吏にはなれない」

首里、那覇の士族たちは、こうささやいていたのである。

漢那の先祖は、もともと「山田」と称していた。この先祖が中国大陸、薩摩間を交易する船の船頭をつとめて財をなし、王府に三十二万貫を寄進して「士族」の位を受けた。そして、漢那（沖縄本島北部の地名）の地頭《じとう》に任じられていたこともあって、漢那を名のるようになったのである。

してみれば、漢那が小学、中学、そして海兵、海大と常に優等で進み、また、航海術の権威として称えられたのも、このような因縁があったからであろう。

航海術は今でこそ衛星航法装置（GPS）の発達により容易になったが、このころは以下の手法によるまさに勘の世界であった。

昼間は正午に太陽の高度を測定して艦位を判断し、薄暮または薄明時、天体観測を行って三つ以上の星の高度を測定し艦位を算出した。両者の観測が行われる間や気象条件が悪い場合は、最終の観測位置からの速力や潮流等の外力を勘案して艦位を推測した（但し陸岸が見えない場合）。

漢那が生れた明治十年代というのは、沖縄にとって、また漢那家にとって、波乱の幕開けであった。

琉球王国はかつて、中国への朝貢貿易をもってその主な財源としていた。鎖国下の日本にとって琉球は、長崎と並ぶ貴重な海外交易の場でもあった。ところが幕末のころになると、列強のアジア進出が開始され、さしもの清国も彼らの軍門に下った。

また我が国では、この危機に目覚めた青年志士たちによって幕府が倒され、新政府が樹立された。そして彼らは血眼になって西洋文明を摂取し、近代国家を建設しようとしていたのである。

こうして明治四年（一八七一）、廃藩置県の太政官令が沖縄にもたらされ、沖縄は鹿児島県の管轄となった。その後、外務省の管轄を経て、明治七年に内務省の管轄に入ったのである。

明けて明治八年、政府は内務官、松田道之（後、東京府知事）を沖縄へ派遣し、「琉球王の上京と冊封《さくほう》の禁止」を命じたのである。ちなみに冊封とは、琉球王の交代にあたり、中国皇帝が認証特使を派遣する制度で、慶応二年（一八六六）を最後として途絶している。

このころ琉球では、開化党と頑固党が生れ、抗争を始めていた。前者は日本帰属を主張し、後者は清国帰属を主張していたのである。

明治五年（一八七二）、王府は伊江《いえ》王子を明治維新の慶賀使として東京へ派遣した。しかし、王府内は頑固党の勢力が圧倒的に強かったために、琉球王もこの勢力に「絶対に日本政府につくな」と恫喝されていたのである（『松山王子尚順遺稿』）。

そこで明治八年、王府は陳情特使を政府に派遣、「現状維持」を嘆願した。さらに明治十年、在京の清国公使や、米、英、蘭の公使にも愁訴した。しかし一方で、明治六年には、王府は進貢使《しんこうし》を北平（現在の北京）に派遣して、北平駐在の日本公使に叱責されていたのである。

ところで明治四年、台湾に漂着した沖縄漁民五十四名が、先住民に殺害されるという事件が発生した。しかし清国はこの補償問題を解決しようとしなかったため、日本政府は明治七年、台湾に出兵して、清国政府に補償金など五十万両《テール》を支払わせた。王府は翌年、今帰仁王子《なきじんおうじ》を謝恩使として東京へ派遣し、同問題処理について政府へ感謝している。

要するに、琉球は独立国とは名ばかりで、日清両国に隷従し、何ら外交力を有していなかったのである。

明治十年、漢那が生れたこの年、政府は琉球使節の東京退去を命じた。そして西村に内務省出張所（後の沖縄県庁）を開設した。また明治十二年（一八七九）一月、内務官松田道之が再度来琉し、琉球王の上京を促した。ところが王府が再び拒絶したため、松田はやむなく帰京した。そして二カ月後、松田は三たびやって来たのだが、このとき松田の態度は一変していた。随員二十二名、兵四百名、警官百六十名という実力部隊を伴って、首里城に登ったのである。

高をくっていた王府役人たちは狼狽した。そしてなんの抵抗もなく、琉球王は首里城を明け渡した。

こうして明治十二年三月二十五日、沖縄県が誕生した。漢那二歳のときである。

本土では西南戦争が終熄し、維新後散発していた不平士族の反乱は、完全に鎮圧された。そして明治十三年に国会期成同盟が成立し、自由民権運動が開始された。

すなわち、時代は、藩閥専制体制から議会制度開設運動へと移行し始めていたのである。

明治十二年、漢那の弟、憲英《けんえい》が誕生した。しかしこのとき、県内にはコレラが蔓延し、患者は二万二千人にも達している。そこで政府は、急きょ内務省出張所内にあった医局を拡張し、沖縄県医院（後の県立病院）を開設した。これが沖縄における西洋式医学治療の嚆矢《こうし》であった。

従来の沖縄医療は呪術的な色彩が強く、そのため住民はさまざまな風土病になすすべがなかったのである。

医院開設後、県内人口は着実に増加した。明治十二年には十三万人、明治二十一年には三十七万人、そして明治三十五年には四十五万人にも達している。さらに明治十二年、天皇は、皇室内幣金から衛生費として金二千円を下賜された。そして明治十八年には、県下医師養成機関として医学講習所が開校された（大正元年閉校、その間、百七十二名の医師を養成）。これは、沖縄の衛生事情を政府に訴え、その救済をよびかけた初代医局長、陸軍軍医補、脇屋《わきや》端元《たんげん》の尽力によるところが大きい。

ところで、このころ沖縄住民の生活はどうであったろうか。

琉球の民は苛斂誅求《かれんちゆうきゆう》を極めていた。王府、首里の士族が奢侈《しやし》に流れていたころ、農民（平民）はひたすら彼らに搾取された。そればかりか、王府は農民の土地私有を認めず、一定年限でその耕地さえ替えさせていたのである（「地割制」）。

明治十四年（一八八一）、第二代沖縄県令（県知事）として赴任した上杉茂憲《もちのり》は、彼ら農民の生活をこう記している。

「その家屋は小丸太を柱にし、茅ぶきで風雨を防ぐのに苦しみ、冬も夏も一枚の粗悪な芭蕉《ばしよう》布《ふ》を着て、食事はイモとソテツだけである。居るに席なく、食事の食器もなく、鶏豚牛羊は家中に雑居して、人と畜類と少しの区別もない。人々は生きているあいだ、ただひたすら男は畑を耕し、女は布を織るだけである」

とりわけ琉球王府が離島農民に課した税制は苛酷の一語につきた。いわゆる「人頭税」である。青年男女が成長し、「ぶがい石」という石材に身長が達するや（約一四三センチ）、自動的に本島農民の三倍という税が課せられた。搾取された離島農民の悲話は、今なお、さまざまな形で語り継がれている。

これらの視点で見れば、沖縄農民にとって廃藩置県とは、圧政からの解放であった。

事実、明治二十六年（一八九三）、宮古島農民代表は人頭税廃止請願のため上京。翌年、政府はこれを受諾し、沖縄の実情調査を開始した。また、明治三十四年（一九〇一）、北条《ほうじよう》侍従《じじゅう》が八重山列島を視察し、翌年、離島全域の人頭税が廃止されたのである。

さらに明治四十年（一九〇七）、八重山が暴風雨で壊滅的な被害を受けた際、北条侍従が来島視察し、天皇からの救恤金《きゅうじゅつきん》を下賜した。そのとき、これを伝え聞いた農民は感涙にむせんだという。

この廃藩置県によって、漢那の父親は失業した。

将来を嘱望され、自らも持するところが高かった父憲慎は、失意のどん底に陥った。

彼は細身で、どちらかといえば寡黙な性分であった。今流にいえば、インテリ風である。

しかし、一本気なところがあり、「死んでも日本《ヤマト》にはつかん」と、公言してはばからなかった。

明治十五年、政府は、このような失業士族を救済するため、無禄士族投資金七万円（現在の約七億円見当）を沖縄に交付した。さらに明治十八年には、一万七千円（約一億八千万円見当）を追加、沖縄に交付したのである。しかし憲慎は、このたぐいに一切応じなかった。

さて、ここ西村には、これまで住民があまり見たことのない本土人《ヤマトンチュー》が続々と上陸してきて、信じがたい話ではあるが、成人でさえ、彼らに恐怖心をいだいていたのである。

当時、子供が言うことをきかないと、彼らは「アレ、日本人《ヤマトンチュー》ドー」と表現して、威すのであった。

一方本土では、すでに明治四年（一八七一）、散髪脱刀令が出されている。しかし沖縄はこの圏外にあった。当時、県民男子の服装は、琉球結髪、前帯という独特なもので、会話も沖縄方言しか使われていなかった。

ここに当時を物語る話がある。東京留学生第一号の許田普益《きよだふえき》が、明治十五年に帰ってきた。しかし、彼が断髪、洋装してきたため、沖縄県民は驚愕した。当時、許田の甥にあたる伊波普猷《いはふゆう》は、「母国語を二年間使わなかったためか、叔父は語調が少し変になった」とさえ語った。そして許田は、「断髪姿で外出しては危険だ」と親戚知人から言われ、髪の毛がのびるまで外出しなかったという。

漢那家では失意の夫に代って、母オトが日本茶の行商を始めた。僅かな貯えがあるとはいえ、失業中の夫と男子二人をかかえた家計は、楽なはずがない。しかし、オトの躾《しつけ》はきびしかった。

漢那が六歳のときのことである。県庁のガラス窓が突然割れた。と同時に、付近で遊んでいた少年たちが、クモの子を散らすように逃げた。この中の誰かが投石したのである。

運悪く、逃げ遅れた漢那が県庁職員に捕まってしまった。そこでオトは、漢那が犯人でないことを知りながら、高価なガラス代を弁償し、職員に丁重に謝ったのである。

「自分はやっていないのに、なぜだ」

漢那は、くってかかった。

母はそのとき、こう諭したのである。

「自分のやったことに責任をもてない者は男でない。まして、逃げるということは、もってのほかだ。しかし、そういう連中と遊んでいたオマエも同罪だ」

悔しさのあまり、漢那は声をあげて泣いた。

かつて沖縄では、イモを洗うとき、まとめて桶に入れ、足で洗うという習慣があった（戦前、県民の主食はイモであった）。しかしオトは、我が子の将来を期待して、一つ一つ丹念に手で洗ったという。

昭和十四年（一九三九）一月二十日、漢那が平沼内閣の内務政務次官に就任したとき、オトは「毎日新聞」の記者に当時をこう語っている。

「モウサー（漢那の幼名）は、幼いころから賢く腕白者でした。那覇一番の腕白者と喧嘩して勝ったこともありましたよ。年上の者にも負けるな、負けたら承知せぬ、しかし年下の者と喧嘩するな、男の恥だ、というのが私の口癖でした」（同紙、昭和十四年一月二十一日号）

「貧之人だから学問させる」那覇女のど根性

明治十四年（一八八一）、漢那が四歳のとき、父憲慎は病床に臥した。結核である。

当時、結核といえば、死の宣告を受けたのも同然であった。そして翌十五年、憲慎は家族にみとられて静かに息をひきとった。しかしこのとき、二十三歳のオトは、悲しみに屈しなかった。五歳と三歳の男児をかかえながら、教育について、とくに気を使っていたのである。

漢那は、六歳になると、漢学塾に学んだ。塾長、玉那覇《たまなは》は、漢那家の外戚にあたる。

彼は往時の漢那について、こう語っている。

「非常に腕白者で、いつも自分の家に裸足で入ってきて、イモをとって食ったり、いろいろいたずらをして大騒ぎしていました。そこで、ほかの子供の邪魔になってはと、大喝一声して退室を命じました。ところが、一向平気で、私をひやかしながら退却していきました」

(「八重山新報」大正十年三月号)

漢那はここで約三年間、「四書」や「大舜《たいしゅん》」などを学んでいる。

おそらく、漢那は漢文を学ぶことによって、その中に秘められた道徳などの東洋思想を学んだことであろう。そしてこれは、その後の人格形成に、大なる影響を与えたにちがいない。

なお、ここの学友には、後に沖縄文学を大成した伊波普猷がいた。


明治十九年(一八八六)、沖縄にも義務教育令が達せられた(本土に遅れること十四年)。

そこで漢那は、翌明治二十年、十歳で那覇小学校の初等科六級に入学した。ところが、漢学の素養がずばぬけていたため、臨時試験を受けて、初等科四級(二学年)へ飛び級している。

当時の教育制度は、小学校が初等科と高等科にわかれており、初等科の教育期間は、三年であった。また、この初等科の三年間は六級に区分されていた。つまり六級で入学し、半年して五級へ進学、二学年に進級するときは、四級になるのである。

明治二十一年（一八八八）になると学制が改正され、初等科が尋常科になった。そのため、初等科四級生徒は尋常科三年へ編入された。しかし、漢那はまた臨時試験を受けて、尋常四年へと飛び級したのである。このとき、漢那を受け持った宮原一郎は、後年こう語っている。

「漢那さんは、当時、尋常小学校の四年生でした。私は、そのころは独身で上泉町《かみいずみちょう》に寓居しておりましたから、生徒が三々五々押しかけて読書算術の質問をし、あるいはお菓子を買って、キャッキャッと騒いでおりました。

漢那さんは、私の洋服を着て皆を教える真似をして笑わせておりました。当時の児童は無邪気で、よく教員の家へ遊びに来たものです。

漢那さんは、何でも首席を占めて、その熱心な勉強ぶりは誰よりも勝っておりました。夏の暑い頃、よく小さい生徒は居眠りをするものですが、漢那さんは、唐辛子を用意して時々、之をなめて居眠りを防止しておりました。

漢那さんは、組踊りが好きで、時々、組踊り本を手書きしておりました。時には、按司《アジ》(領主)の真似をやっておりました。そのころ大方の学生は断髪をしておりましたが、漢那さんは結髪をしておりました」(「八重山新報」大正十年三月号)

漢那の勉強ぶりを、西村で知らない者はなかった。

「漢那の息子は、畳にヒザの跡がつくくらい勉強する」

こういう風聞がたつようになってきた。しかし中には、「貧乏人が学問してなにをする」と冷笑する者もいた。

尋常小学校四年の終りころ、全島の学校から生徒二名を選抜して、算術の競争試験が行われることになった。那覇二区からは、漢那と照屋宏《てるやひろし》が選ばれた。しかしこのとき、二人とも二、三等賞に終ってしまったのである。そこで担任の家村教諭は、二人を呼びつけた。

「那覇の学校から二人も選抜されて、一人も一等になれないとは何事か。昔の武士なら切腹でもすべきところだ」

彼は、言下にこう言ったのである。

当時、家村は漢那と照屋の境遇に同情して、試験の行われる三カ月前から二人を自宅によんで算術二千題を解かせていた。

照屋は母親を早く失い、貧しい大工の父親に育てられていた。その後、苦学して京都帝大工学部へ進み、台湾総督府工務課長として台湾鉄道網の完成に多大な功績を残している。また、那覇市長、沖縄奨学会会長、沖縄振興会会長をつとめ、沖縄の発展にも寄与している。

ここで、沖縄教育史について少し述べておこう。

旧藩時代の教育機関には、「国学」というものがあった。これは、寛政十年(一七九八)、琉球王尚温《しょうおん》によって首里に建てられたもので、教育の基本を朱子学に求めていた。そして、「四書」や「五経」を教授する一方、支那の呈文《ていぶん》や録文、論文等の作文も教授していたのである。しかしここの入学資格は、あくまで士族階級、とくに門閥《トンチー》の子弟に限られていた。また教育目的も、王府役人の養成のみにおかれていたのである。

しかし、この「国学」で朱子学が講義されているころ、本土ではすでに陽明学などの朱子学に批判的な革新思想が誕生していた。また、蘭学などの西洋実証科学も普及しはじめていたのである。

旧藩時代の教育制度をみると、「地方にも平等学校とか村学校が設けてあった」とされているが、果してどの程度の教育がなされていたのだろうか。明治政府の官吏、河原田盛美は、廃藩置県直前の沖縄の教育状況を、その著『琉球備忘録』に、こう記している。

「従前コノ藩ノ学校ナルモノハ、首里ニ国学校、即チ、学校ナルモノアレドモ、入学法、門閥ニアラザレバ、入ルヲ免サズ、他首里ニ、二十四ケ所、那覇ニ、四ケ所、泊村ニ、三ケ所アリト雖モ、一字ヲモ学バザル慣習ナリ、故ニ、平民ト婦女ハ、読ムコト能ハズ、依テ、学校ノ方法ヲ改正シ、各校ニ、官有ノ書籍ヲ備ヘ、見聞ヲ博クナサシムルヲ以テ、第一トナスベシ」（原文のまま、傍点筆者）

くどいようであるが当時、本土では旧藩時代、各地に「寺子屋」があって、平民も読み書きを学ぶ機会があった。また明治二年（一八六九）には、「四民平等」の太政官令が出され、明治五年には、義務教育令が出されている。このため、明治以降、平民の就学率は飛躍的に向上した。さらに近代化を急ぐ政府は、いち早く学校教育に算術、地理、物理などの実利的西洋科学教育を導入していたのである（明治八年、本土における就学率は男子五〇・八パーセント）。

しかし沖縄は、この時流に乗り遅れた。

明治十二年（一八七九）三月、琉球王が版籍を奉還したにもかかわらず、旧王府役人のほとんどが政府の施策にことごとく反抗し続けていた。そして人心は混乱し、従来の教育機関もいっさい機能を停止していたのである。東恩納寛惇《ひがおんなかんじゅん》著『尚泰侯実録《しょうたいこうじつろく》』には、当時の模様がこう記されている。

「人心の頽廃其極に達し、年少子弟、智徳の検束を脱して街路に放牧せらる。習終に性となるに至って、其害毒豈啻に刀筆の使役事を案上に見ざる如き比ならんや、県令此事を憂慮し、七月汎く訓令を発して鞭撻せしも俄に功なかりき」

そこで政府は、この年の暮、緊急措置として旧藩時代の学校、国学などを復活させた。また、近代教育を実施すべく、翌明治十三年、県下に師範学校、小中学校を開校した。さらに政府は、同年二月、県庁内に会話伝習所を設け、旧国学の生徒の中から優秀な者を選抜して、標準語と小学校教科書を教授した。

明治十八年（一八八五）、沖縄教育史上、最初の女子教育が開始された。師範学校付属小学校に、女子三名が入校したのである。

ちなみに、明治十八年当時、本土における就学率は、男子、六五・八パーセント、女子、三二・〇パーセントであった。しかし、沖縄では、この就学率がなかなかのびず、明治三十年（一八九七）になって、男子就学率がようやく三〇パーセントに達した。

明治十三年十二月、政府は国学敷地内に中学校を開設した。そして、国学の在校生、または同学を卒業した士族の子弟（二百四十名）の中から、三十八名を選抜して入学させたのである。しかし、朱子学一辺倒で教育されていた彼らに、算術や物理などの西洋科学を早急に教授することは困難であった。ほとんどの者が当惑して授業についていけず、病気などの理由をつけて欠席し、学校は有名無実の状態になってしまった。

明治十五年三月、学校側はとうとう従来の生徒に成業の見込みがないとして、数十名の生徒に退学を命じた。そして、首里三小学校から生徒二十名を新たに入校させた。こうして明治二十一年（一八八八）、沖縄県尋常中学校はようやく三名の卒業生を出すに至った。

当時の小学校の運営はどうだったのだろうか。県立一中の同窓会誌「養秀百年」には、こう記されている。

「生徒も父兄も、新しい学校の教育を『仮名文字教育』といって軽侮し、士族の伝統的教育であった漢学を尊重し、小学校に就学した者でも、家に帰ると、父兄の指導、または『学済』（漢学塾）によって漢籍の教育を受ける状態であった。そのため、新しい学校教育は当局が期待したほど、その効果を上げることがなかった」

こうした情況の中で、明治十九年（一八八六）、沖縄に義務教育令が達せられた。そして、翌明治二十年、文部大臣森有礼《もりありのり》が来県し、教育の振興、女子教育の重要性を力説した。

明治十四年（一八八一）、漢那が四歳のとき、元米沢藩主の上杉茂憲が、沖縄県令として着任した。彼は着任と同時に県内をくまなく視察し、近代化に心血をそそぐのである。

当時の沖縄は、交通が相当不便な所で、上杉の熱意がうかがえる。しかも彼は、沖縄近代化の最優先課題として、「教育」をとりあげた。そして、第一回の県費留学生として、青年四名を東京へ送るとともに、沖縄県へ奨学金として、私財三千円を寄贈した。

当時、県令の給与は、月額二百円であった。上杉が送りだした県費留学生四人、太田《おおた》朝敷《ちょうふ》、岸本賀昌《きしもとがしょう》、高嶺朝教《たかみねちょうきょう》そして謝花昇《じゃはなのぼる》は、沖縄近代化の礎として活躍した。

彼ら東京留学生のその後を述べておこう。

太田朝敷は、沖縄ジャーナリストの草分けとして、初代「琉球新報社」を創設、後に首里市長をつとめた。

岸本賀昌は官界に入って、石川県参事官、沖縄県参事官を歴任、第一回の沖縄国政選挙で、衆議院議員に当選している。

高嶺朝教は、沖縄財界の草分けとして活躍、沖縄銀行の創設に参画、初代頭取をつとめている。また、沖縄県会（今の県議会）の初代議長に就任、後、衆議院議員として活躍した。

謝花昇は農科大学（現東大農学部）を出て、沖縄県庁技師として原始共産体制（地割制）の解体に功績を残している。

明治二十二年（一八八九）、小学校の高等科へ進んだ漢那は、ここでも全課目首席を占めた。しかし、母オトの茶商で賄われる家計は苦しかった。

漢那兄弟には着物が二枚しかなく、夜洗って、交互に着ていたという。ときには、半乾きのまま登校したこともあったようだ。またあるとき、夕食のイモをとりあって兄弟喧嘩をしてしまい、オトにこっぴどく叱られたこともあった。

しかし、こうした日々の間も、漢那はできるだけ母親に負担をかけないよう、気を配っていた。たとえば、教科書代を節約するため、友人の教科書を手写ししたり、古本を先輩から譲り受けていたという。

後年、母オトは漢那のことをこう回顧している。

「親孝行者でしたよ。学用品を買う十銭の金を貰うのにも十日前から告げ、残った金は一銭でも五厘でも返して、貧しい母親をいたわったものです」(「毎日新聞」昭和十四年一月二十一日号)

当時、小学校高等科は四年制であった。そして二年生になると、中学校への入校準備が始まった。しかし漢那の祖父憲敬《けんけい》が、中学進学に反対した。

「貧乏人は、学問する必要はない。小学校で十分だ。県庁の給仕でもさせて、早く家を継がそう」

母オトにこう命令した。しかしオトは反発した。

「大和世《ヤマトユー》(日本時代)は、支那世《シナユー》(中国時代)とは違います。今からは、学問の時代です。どんなことがあっても、憲和を中学へ入れます」

また、この話を耳にした那覇尋常小学校校長の橘豊や、恩師の宮原一郎が憲敬を説得し、学資援助まで申し込んだのである。

こうして漢那は、小学校高等科に在校すること二年、同校四年の卒業を待たずに、沖縄中学校へ進学した。ときに明治二十四年(一八九一)、漢那十四歳の春であった。

オトの気丈さと先見性は、歴史が作ったのであろう。

オトの母親は、安政年間（一八五四〜一八六〇）に、列強の艦隊が次々と沖縄に寄港し、武装した水兵たちが傍若無人に振舞っていたことをオトによく話していた。

下国教頭の鍛練主義教育

明治二十四年（一八九一）春、漢那は沖縄尋常中学校の第八期生として入校した。入校者八名のうち、漢那は最年少だったが入校成績はトップであった。

当時の社会情勢を簡単に述べておこう。

明治二十二年、我が国はアジアで最初の憲法を発布した。そして翌二十三年には、第一回衆議院議員選挙が行われていたのである。また、明治十四年（一八八一）、板垣退助が自由党を結成し、翌年には大隈重信が立憲改進党を結成した。

時代は大変革をとげていた。しかし沖縄県民は、いまだ目覚めていなかった。とくに県内では、支那党の勢力が圧倒的に強く、明治二十三年、宮内大臣土方久元《ひじかたひさもと》が、旧琉球王子 尚《しょう》順《じゅん》に、英国留学とその経費負担を申し出たところ、彼らによってことごとく反対され、取り止められていたのである。また、沖縄に義務教育令が公布されたとはいうものの、大部分の県民は、「学問は士族のたしなみ」と一笑に付して、まったく無関心であった。

そこで政府は、間切番所《まぎりばんしょ》役人を通じて各家庭に学事奨励金を支給した。当時、農民たちは子弟を農作業に使役して、登校させなかったからである。間切番所役人とは、当時の行政区画の長で、旧藩時代、地頭職にあった者がそのまま留任していた。

明治二十三年（一八九〇）の晩秋、この沖縄に長身の東北青年が妻子を伴ってやって来た。この男こそ、多くの俊秀を育て、後に「沖縄の吉田松陰」と謳われた、下国良之助《しもぐにりようのすけ》である。下国は当時二十七歳。かつて東京高等師範学校（現在の筑波大学）の給仕をしながら、二十一歳で教員検定資格をとり、滋賀県大津の中学で教鞭をとっていた。そこで彼は、教育家としてその才能を高く評価されていたのである。

一方、沖縄県学務課長、師範学校長、さらに中学校校長（第七代）を兼務する児玉喜八（鹿児島県出身）は、沖縄県民の旧守頑固と、教育への無関心ぶりに焦燥していた。

そこで児玉はこの打開策として、優秀教員の招聘を考えたのである。折しも、知友の滋賀県知事中井桜洲《なかいおうしゆう》の助言があって、この若い名教育家を沖縄へ招くことができた。

下国は、当時をこう振り返っている。

「その時、沖縄の事情には少しも通じておりませんでしたから、赴任には大部、躊躇したのでございます。地理的知識皆無で沖縄を誤解しておりました。私は北国の生れで、寒い所なら何処へでも行くが、沖縄は不適当であると、二の足を踏んだのであります。ところが、時の文部省からの激励の言葉が私を奮起させました。『沖縄の教師は不品行な者が多く、醜事件が度々頻発して、国際上面倒な所でもあるから、是非、尽力を望む』と言われたのでありま す。感受性の多分にあった私は、このおだてに乗ってすっかり決心を固めたのでありましまた下国は、当時の沖縄中学校の状況をこう語っている。

「学校は、孔子廟の後の裏長屋に設けられて、教室は只二つのみあったのであります。風が吹けば建物が動く、ビリビリと震動する、屋根瓦を飛ばすで、実に惨たんたるものでありました。生徒は、皆（沖縄式で）髪を結って、角帯をしているという有様で心外に堪えぬ次第でありました」

「当時、私は熱烈、火のついた様に戦って生きるという血気の年でありました」（「琉球教育」大正十三年二月号）

下国は、着任と同時に沖縄中学校の首席教諭（教頭）という役職をあたえられた。しかし、当時の児玉喜八校長は師範学校校長を兼務していたため、中学の校長事務も下国が担当することになった。一方、このころ沖縄中学では、「体操は民情に適さない」という理由で実施されていなかった。要するに近代教育を実施するには程遠い状況にあった。

ところが、丸岡莞爾《まるおかかんじ》県知事（第七代）から、「沖縄の旧習を遵守せよ」という指示が出されていたため、中学としてもなかなか思いきった指導がとれなかったのである。

こうして下国は、明治二十四年（一八九一）の春をむかえた。そして、このとき入学して来たのが、中学八期生、漢那憲和、伊波普猷、照屋宏らの八名である。

下国はここで校風を一新するべく、教育方針を鍛練第一主義とした。

次は、後年、下国が述べた一節である。

「『自然の天恵を空しうしてはならぬ』、生徒の中には、厚着をしたり傘をさしたりする者があったが、之を禁止した。私もそれをすまい、諸君も厚着や傘をさすな、自然を征服するのが吾々の本命である。意志の鍛練という事は何よりも必要である。こういう見地から、如何なる大暴風の時にも学校を休まぬ、休ませぬという事にした」

「旅行のときは、生徒に芋を食わして、教員は米を食うという風習があったが、これも私が教頭である間は、教員も、生徒も共に芋を食わす事にした」

「体操中心主義をもって、学問に体育に鍛練主義で鍛え上げた。時々、智、仁、勇の組に生徒を分けて、首里から三重城、西原あたりに（約五～六キロメートル）徒歩競走を行った」

（「琉球教育」大正十三年三月号）

また、下国は着任当初から家庭訪問を頻繁に行い、父兄の啓蒙に努力している。さらに校則に奨学制度を設けたのである。これは、学年末試験で、各学科の八十五点以上を獲得した者は、学費を免除するというもので、漢那も照屋も、間もなくこの恩恵に浴することになった。

沖縄中学生、本土文明に接す

明治三年（一八七〇）、東京では背広や靴の製造が開始され、翌年には散髪、脱刀令が出されている。

明治天皇も、明治改元にあたって、散髪、洋装され、自ら近代化への範を示されていたのである。そして東京では、明治十七年ごろから婦人の洋装が流行っていた。

次の文は、明治二十四年前後の沖縄を語ったものである。

「地方では、教師の勧誘で、大部、散髪する者がでてきたが、首里、那覇では、父兄が頑固で、散髪など勧める様なものなら学校を辞めさせるという剣幕で、殆ど手の下しようがなかった」(「那覇尋常小学校四十周年記念号」照屋宏記)

「当時、沖縄の社会情熱は、余程、時勢に遅れていて、散髪する者は、反逆者か売国奴か、何か非常な悪事を働く者の如く見られて、父兄は勿論、親戚、如友に至るまで交りを絶つという有様であった」(「琉球教育」大正十三年二月号、下国良之助談)

「誰某は大和口《ヤマトグチ》(標準語)が出来るということは、今日、誰某は英語が話せるという位であった。年取った人達や学校に行かない連中は、之をけい古する機会がないので、酒宴の席上などで冗談半分、けい古する外仕方がなかった。久米村人《クニンダー》(久米村には主に中国帰化人が居住していた)の間では、『大和口シーガ行カ(標準語を話しに行こう)』ということは、一杯飲みに行こうという洒落になっていた」(「琉球教育」大正十三年二月号、伊波普猷記)

入校後、一カ月過ぎたころ、漢那は、うららかな日ざしを受けながら、授業の開始を待っていた。もちろん、そこにいる生徒のほとんどが、琉球結髪をしていた。突然そこに、下国が理髪師と散髪した上級生を連れて入ってきて、つかつかと教壇に上ると、こう話しはじめた。

「亜米利加《アメリカ》印度人《インデアン》の学校の写真を見たが、生徒は何れも断髪をして洋服を着ている。ところが日本帝国の中学の中で、まだ結髪をして、だらしのない風をしている所があるのは、実に歎かわしいことだ。今日、皆さんは、決心して断髪しなさい。そうでなければ、退校しなさい」

生徒たちは真っ青になった。

一、二名の頑固党の子供は叩頭して出ていった。

間もなく、数名の理髪師や、教員、そして上級生たちが、手に手に鋏《はさみ》を持って教室内を歩きはじめた。そして手当り次第に、生徒の片髪を切り落したのである。

教室は、阿鼻叫喚の巷と化した。ある者は簪《かんざし》を武器にして抵抗し、また、窓から逃走するのもいた。そして各所で啜り泣きの声が聞えていた。こうして一、二時間たつと、中学にはもはや一人の結髪も見えなくなった。しかし、断髪された者の中で、退校した者も少なくなかった。中には煩悶して自殺した者もいたという。

このころ、沖縄県人のほとんどがまだ結髪で、官吏や東京遊学生、中学師範の生徒など、僅かな者しか断髪していなかったのである。このため、下国は県知事から注意処分を受けた。

一方、学校で子弟が断髪されたのを知った父兄の一部も激怒した。漢那の頭を見た祖父憲敬も、学校へ抗議に行こうとした。ところが、母オトが制した。

「下国先生のお考えにまちがいはありません！」

嫁のこの言葉は、憲敬の逆鱗にふれた。

「オマエは、大和人に味方するのか。出ていけ」

とにかく、大変な剣幕であったという。

下国が頻繁に行った家庭訪問は、いつしか、このように理解を得ていたのである。明治二十六年（一八九三）、漢那は十六歳で三学年に進級した。このとき、田島利三郎《たじまりさぶろう》が国語科の教諭として着任した。田島も東北の出身で、皇典講究所（現在の国学院大学）を出て間がなく、なかなかのモダンボーイであった。

彼は着任早々から琉球語の研究に没頭し、一年もたたないうちに、沖縄県人以上に方言を話せるようになっていた。また琉球歌謡や組踊りにも造詣を深め、これもまた相当な域に達していた。

田島の蛮カラな風采に、同僚教員は眉をひそめたが、生徒は激しく魅了された。そして彼の下宿には、たえず生徒が出入りするようになった。また、田島が外出するときでも、二、三人の生徒が必ずついて歩いたという。後年、沖縄文学を大成した伊波普猷は、この田島の薫陶を受けている。

またこのころ、漢学が盛んで、生徒は思い思いにそれぞれの教員の所へ行って、「四書」や「史記」の講義を受けていた。

漢那は、滝沢馬琴の小説や森鷗外の『水沫集《みなわしゆう》』を耽読していた。当時教員たちは、読み古した本を生徒の控室においていたため、生徒たちは経済的に悩むことなく読書を楽しんでいたのである。

このころは実にのどかな時代であった。三大節（四方拝、紀元節、天長節）のときなど、学校側から職員、生徒に泡盛（沖縄の地酒）が振る舞われ、全校いっせいに祝杯をあげている。

また教育熱心な母オトは、学校活動にもよく協力していた。東恩納寛惇は、オトのことをこう回顧している。

「『漢那小《カンナグワー》の阿母《オバー》』と言えば、郷党間では誰れ知らぬ人もない、女丈夫であり、賢母であった。遺産とてもない女の細腕で、漢那さんら兄弟二人を仕上げられた苦辛も並大抵の事ではなかったと思われるが、二人の男子に負い目を感じさせた事はなかった。学友会の会合などには、伊波の阿母などと世話係を欠かされた事がなかった。私ばかりでなく、郷党の子弟は、誰でもが『漢那小の阿母』を母の様に思慕していた」

下国の学校運営は、さまざまな所で成果をあげた。とくに、江木《えき》千之《かずゆき》教育局長（大正十三年、清浦内閣の文相）が視察のため来校して、生徒に試問したことがある。このとき、生徒たちは活発に返答し、局長を驚嘆させている。

明治二十六年（一八九三）の末、下国教頭は革新的な修学旅行を計画した。これまで沖縄中学校の修学旅行といえば、本島北部へ徒歩で出かけて、そこの役所か小学校に投宿するのが慣例となっていた。ところが下国が思いたったのは、那覇の西方、約四十キロの海上に浮ぶ慶良間《ケラマ》島へ鹿狩りに行こうというのである。当時三十歳の下国は、まさに情熱の人であった。

そして冬休み、下国は三年生以上の有志三十余名を募り、四名の教員を伴って慶良間島へ渡った。そこで、島人三百余名が鹿狩りに加わって、獲物数頭を生け捕りにしたのである。生徒たちは得意満面であった。そして彼らは意気揚々と帰島しようとした。ところが天候が悪く機帆船が出港できない。とうとう一月五日まで慶良間で過してしまった。冬休みはあと二日しか残っていない。

下国は決心した。クリ舟十五隻を雇い、それに生徒を二名ずつ分乗させて、十海里の海を漕いで渡らせようというのである。

翌朝、船着き場に生徒を集めた下国は、こう訓示した。

「クリ舟は耐波性が勝れているから、波にのまれることはない」

「水手《かこ》（漕ぎ手）にまかせず、できるだけ諸君自身で漕ぐように」

こうして、十五隻のクリ舟艦隊は出港した。しかし生徒たちは、恐れるどころか意外な冒険に感激していた。そして漕ぎ続けること七時間余、彼らの掛け声は波濤をこえて、はるか天空にこだました。

県庁は心配して、汽船「球陽丸」を派遣したが、生徒たち誰一人としてこれに乗船しようとしなかった。漢那や照屋など、とうとう那覇までクリ舟を漕ぎ続けて、水手を驚かせた。

伊波普猷は、この思い出をこう語った。

「これは、私たちにとって、生れて初めての大冒険だった。今ごろの人は（大正十三年頃）、こういう無茶な事は決してやらないだろう。ところが当時、沖縄人の柔弱な気風を矯正するには、こういう荒治療が必要であった。この時、下国先生は、陽に叱責され陰に賞讃されたという」

ところで、このころ、下国が全校生徒八十八名に、「沖縄において風習改良を要する事を三つ以上あげよ」という問題を提起したことがある。この解答がおもしろい。

1. 男子の結髪を廃して断髪にすること（七十四名）
2. 女子の手背の入墨を廃すること（六十六名）
3. 婚姻に関し、儀式及び早婚の弊を矯正すること（十五名）
4. 男子、並びに女子の就学を奨励すること（二十八名）
5. 男逸女労の弊を矯正すること（二十名）
6. 言語の改良を図ること（十五名）
7. 青年の酒色に耽る弊を矯正すること（十五名）
8. 清潔を守らしむべきこと（十一名）
9. 旧慣の政治を改め他県同様にすべきこと（十名）
10. 守旧頑回を矯正すること（九名）
11. 深夜まで鳴物をもって酒宴することを禁ずること（九名）
12. 兵役の義務は本県人も適用すべきこと（八名）
13. 他国、その他に旅行するのを嫌う弊を打破すること（十名）
14. 柔弱の風を改める気性を養うこと（五名）

15. 実業思想を抱かしむること（四名）
16. 娼妓を勝手に市街に進歩させないこと（九名）

漢那は3の「早婚の弊を矯正すること」を強調したという（「琉球教育」大正十三年二月号）。

明治二十七年（一八九四）春、漢那は四学年に進級した。当時十七歳であった。この年の夏、那覇で大綱引が行われ、漢那はその腕力を買われて、西村の旗頭として活躍した。もちろん、当時としては最年少の旗頭であった。また漢那は、学友会長（生徒会長）もつとめていた。

ところで、明治二十七年といえば、沖縄で初めて「九州地区教育研究会」が開かれた年である。そしてこのとき沖縄教育界は、初めて他県と教育程度を比較することができた。しかし下国は、ここで改めて沖縄における近代教育の立ち遅れを痛感せざるをえなかった。

そこでこう考えた。

「中学生徒に本土を旅行させて、直接この文明を見せよう。そうすれば、彼らの向学心は刺激されるであろうし、父兄の啓蒙にも役立つであろう」と。

ところが漢那と照屋は家が貧しく、旅費が捻出できないという。下国は二人の旅費の一部を負担した。

風薫る五月、こうして二年生以上の沖縄中学生は、はじめて本土を旅した。とくに阪神地方の情景は、彼らを強く刺激したのである。

伊波は後年、その思い出をこう語っている。

「私達は、目の廻るほど多くの物質文明を見せられた。ことに、京阪地方には、下国先生の知人が多かったために、学校でもその他の所でも、非常な歓迎を受けた。

京都の第三高等学校（後の京都大学教養部）の歓迎会はすばらしいものであった。そして、この歓迎会の後、剣舞、弓術、野球などの余興を見せられた。晩には、大勢の三高生が私達の宿屋におしかけて来て愉快な座談会が開かれた。そして、私達は高等教育熱にかかってしまった（進学意欲が湧いてきた）」

下国も往時をふり返って、次のように回顧している。

「この生徒の見聞には、多大の利益がありました。特に印象が深いのは、神戸において、その市街が煌々と輝いているのを生徒が見て、『美観』として賞讃の声を発したのであります」

「生徒が、阪神地方の労働者の言葉を聞いて、『同じ日本人の言葉でありながら、なぜこうも、言葉に差異があるものか』と、奇異に思い、先生に質問したのであります。ところがその先生もさっぱり解らない。誰も知らない有様。そこで私は、大阪、滋賀方面へ奉職していたことがありましたので、その通訳をしました」

「生徒は、三井寺や石山寺の風光の景を何程か認めてはくれましたが、沖縄の風光に勝る所があるとは認めてくれませんでした」

彼らはまた、三高生からの土産として、野球道具一式を贈られた。以来、沖縄中学生の野球熱は高まり、大正三年（一九一四）には、九州野球大会で初優勝を飾っている。

海軍士官への憧れ

明治二十三年（一八九〇）、東京で第一回帝国議会が開かれた。

反薩長勢力によって占められた議会は、藩閥政府のあらゆる政策に反対し、国防力を整備するため海軍の拡張を唱える政府の主張も、こうした民党勢力によって、ことごとく否決された。

明治二十四年十二月、海相樺山資紀《かばやますけのり》（鹿児島県出身）が、「今日、国家のあるのは薩長の御陰なり……」と放言し、議場は大混乱した。この結果、一回目の衆議院解散が行われた。

眼を海外に転じると、イギリスはインド、ビルマを併合し、フランスはベトナム、ラオス、カンボジアの三国を併合してインドシナ連邦を形成した。アメリカは、ハワイなどの太平洋の島嶼《とうしょ》を併合し、ロシアやドイツもアジア進出を狙っていた。

彼らは、中国大陸と朝鮮への進出を虎視眈々と狙っていたのである。アジアは、まさに彼らの餌食になろうとしていた。

こうしたなか、明治二十四年に清国の北洋水師の大艦隊が品川に入港した。このなかに「定遠」（七三五五トン）、「鎮遠」（七一三〇トン）という巨艦があった。これは第二次大戦時の「大和」「武蔵」にも匹敵する、当時の世界的な巨艦である。

日本国民は震憾した。というのも、すでに彼らは明治十九年（一八八六）にも長崎に寄港していた。そればかりかこのとき、清国水兵が長崎市民に暴行を加えていたのである。

天皇はこの事態を憂慮された。そして翌明治二十年、「海防警備の勅語」を発布され、御手許金、三十万円を艦艇建造費用として下賜された。

明治二十七年（一八九四）、朝鮮に内乱が発生した。朝鮮は当時、清国の影響下にあった。日本の明治維新に倣って、近代化を図ろうとする独立党と、これに反対する清国派（事大党）が衝突し、独立党を推す日本と事大党を推す清国は、内乱鎮圧を名目に双方の軍を朝鮮に派遣していた。ところが内乱が鎮圧されても、双方軍をひかず、宗主権をめぐって日清両国は激しく対立した。

明治二十七年八月一日、こうして我が国は清国との開戦にふみきった。

日清戦争が勃発したとき、漢那は中学四年生で、沖縄は猛暑の真っ只中にあった。沖縄でもこのとき、日清両国の勝算をめぐって頑固党（清国派）と開化党（日本派）が衝突し、乱闘事件さえ起こしていた。

頑固党は、「黄色い軍艦が沖縄へ救援に来る」と喧伝し、徒党を組んで神社仏閣に詣でて清国の勝利を祈っていた。県庁職員や県外出身商人は、外敵に備えると同時にこの頑固党にも備えなければならなかった。そこで彼らは自警団を組織し、子女を本島中部の多幸山《たこうやま》に疎開までさせていたのである。

しかしこのとき、国民も清国に勝利できるか半信半疑であった。なにしろ新生日本が初めて経験する近代戦争である。しかも清国は、未だ「眠れる獅子」と恐れられていたのである。沖縄中学校でも、万一に備えて特別軍事教練が行われていた。

開戦時の彼我戦力を比較すると、数の上では、断然、清国が勝っている。清国陸軍百三十三万人、対する日本陸軍三十六万人、清国海軍八万五〇〇〇トン、日本海軍五万トン、しかも彼らは、前述の「定遠」「鎮遠」という大艦を保有していたのである。

しかし、伊東祐亨《いとうすけゆき》連合艦隊司令長官（鹿児島県出身）率いる日本艦隊は、完膚無きまでに清国艦隊を撃滅し、日本の勝利を決定的なものにした。

これまで、沖縄でまったく見ることのできなかった帝国海軍艦艇が顔をのぞかせたのは、このころであった。そして那覇の町には、海軍将兵が上陸して散策している光景がよく見られた。

とくにこの中で、純白の制服に身を包み、金色さんぜんとした短剣を佩《はい》した海軍士官の姿が、沖縄少年の心をひきつけることになる。当時、純白の制服に、南国の太陽を浴びて輝く海軍士官の姿に接した沖縄の歌人は「神のごとし……」と形容しているほどである。

明治二十八年（一八九五）四月、日清両国の講和が成立し、我が国が勝利の美酒に酔いしれているころ、一隻の海軍艦艇が那覇沖に投錨した。かつて、「勇敢なる水兵」で歌にも唱われた、連合艦隊旗艦「松島」（四二一七トン）である。

このとき、漢那は級友数名と海岸で遊んでいた。そこへこの巨艦が現われた。付近は大騒ぎとなった。彼らは早速、学校のボートをもちだして、この「松島」を訪れることにした。

伊波は、そのときのことをこう語っている。

「十町くらい（約一〇八〇メートル）沖に漕出すと、波が荒くて到底いけそうもないので、引き返そうとした。すると漢那が『横波を喰って沈没するより、思いきって漕出して、軍艦に救われた方がましだ』と言いだした。そこで私達は、一生懸命に漕いで、ようやく、『松島』にたどりついた。黄海の勇士達は、拍手喝采して私達をむかえた。

やっとのことで、デッキに上ることが出来たが、佐野《さの》常羽《つねは》という少尉（後海軍少将、ドイツ駐在武官を歴任）がびしょ濡れになった私達を士官室へつれていって、私達の勇気を賞讃してくれた。そしてこの後、西洋料理の御馳走までしてくれた。

私達は、数名の士官に囲まれて、いろいろの問答をされた。このとき佐野少尉が、『君等の中に、他日、海軍軍人になりたい希望の人はいないか』と、言われた。漢那君が、『自分がなります』と即答したのは面白かった。私達は軍艦を辞してボートに飛びおりたが、再び危険を冒して暮れ方、やっと、波止場に帰ることができた」

これから二十六年後の大正十年（一九二一）、御召艦「香取」（一万六〇〇〇トン）を沖縄中《なか》城《ぐすく》湾に浮べた漢那は、当時をこう回顧している。

「余を、この光栄に導くに、最も有力なる動因となったものは、余の郷国、沖縄の海湾である。それは、日清戦争の前後であった。余は、卒業前の中学生であったが、帝国海軍の軍艦がよく、沖縄へやって来たものであった。

而して、さっそうたる海軍将校の姿が、当時、青春時代の余の心をいたくもひいた。海軍

に対する憧憬は、此のころから余の脳裏に育まれたのであった」(『今上陛下と昭和新政』漢那憲和著)

校長排斥ストライキ事件

ワンマン児玉校長

日清戦争の結果、沖縄県民には大きな変化が生じてきた。これまで住民の多くが抱いていた中国熱が醒めてきたのである。そして日露戦争から大東亜戦争の終結まで、沖縄には熱狂的な国粋主義者が数多くあらわれる。明治二十八年(一八九五)、漢那は十八歳で五学年に進級した。沖縄中学校の最上級生である。

そのころ、一学年に在校していた東恩納寛惇は漢那をこう語っている。

「漢那さんは、私達より五歳年長の先輩で、学友会の会長をしておられた。一里もある首里街道を朝夕魚貫して通学しておられた。伊波、照屋、金城《きんじょう》、西銘《にしめ》等の同僚と、左右肩を並べて行かれる後から、吾々、下級生はぞろぞろついて行った。漢那さんの面前を横断する下級生は一人もいなかった」

東恩納は後に東京帝大文学部国史学科へ進み、府立一中教諭を経て、拓殖大学教授となった。また、金城紀光《きこう》は東京帝大医学部へ進み、沖縄県人最初の国立病院院長となった。西銘五郎は後にアメリカに渡り、現地に日本人最初のレストランを開店、初代県人会長となっている。

照屋と伊波は、前述したとおりである。

一方、中学では校長の児玉喜八が非常なワンマンで、教員や県庁の学務課職員から顰蹙《ひんしゅく》を買っていた。また職員も児玉派と下国派に分れて対立するようになっていた。この前年の明治二十七年の運動会では、県の学務課長と児玉が生徒の面前で殴りあいを演じるという事件さえ起こしていた。

その児玉が、沖縄県民を蔑視するような言辞をするようになる。「沖縄県民には、高等教育は早すぎる！」とさえ発言していたのである。

これには理由があった。

明治二十七年、児玉は県費遊学生の学事視察のため上京した。そのとき彼を迎えた沖縄出身学生たちが「復藩論」を唱えたのである。また、学業を終えて帰県したエリートまでが、その運動を展開したのである（公同会事件）。

県内を見わたしても、標準語さえなかなか普及しない。この年、児玉はとうとう県費遊学制度を打ち切った。そして八月、中学の朝礼でこう発言した。

「皆さんが、一度に二カ国語を修得するということは重荷であろうから、英語科を廃止して、れないのである。

この重荷を軽減してやろう」

校庭は騒然となった。本土へ旅行して、進学意欲にかられていた彼らに、この発言は許さ

当時、四学年であった漢那ら血気盛んな連中が集って、この校長を排斥しようという謀議がかわされたが、このときは下国教頭や田島、白岩の両教諭が生徒を説得し、また校長に意見して、「英語科を随意科とする」ということで事態を収拾した。

ところがそれから一年たった明治二十八年十月十五日、突然、下国と田島に免職辞令が発せられた。児玉校長の仕業である。

当時二人は、父兄ばかりでなく広く学外からも敬慕されていた。そのため、校長への抗議が各方面から殺到した。しかし辞令は撤回されなかった。

下国は、当時をこう回顧している。

「かくの如く務めている時、突然、鼻の先に冷き一片の辞令をつきつけられたのであります。その上、別れる生徒に告別の挨拶をするなという残酷な命令がありました。文学士が後任に来るという話がありましたが、生徒が承知しません。『我等が今日あるのは、下国のためである。何故に下国を去らしめるのか』と、当時の書記官に質問したのであります」

「俗吏の一人を去らしむるにも相当の礼がある。況や大事な教育を任した者を、下男下女を追い出すよりも冷酷な処置をとったことは、何とも言い様のない次第でありました。そこで、私は、教育家が心にもない辞令を弄して育英の道に従うことは出来ない、再び教員はすまい

と決心したのであります」（『琉球教育』大正十三年二月号）

十二月八日、この三十二歳の青年教頭は、とうとう沖縄の地を去ることになった。

当時、四学年であった金城紀光は、この師弟の別れを次のように語っている。

「下国教頭が沖縄を去られることは、実に我々にとっては、親と死別する様な心持ちだった。十二月六日には、下国先生一家を招待して午前中は三重城で運動会をなし、午後は、那覇高等小学校で記念撮影をした。そして、真教寺で送別会を開いた。両会とも、漢那さんが開会の辞を述べ、続いて、二、三名が惜別の演説を行った。また、県下有志の送別会が催されたり、上級生の母姉が下国先生夫人を伊波宅に招待して純琉球風の送別会を催した。実に、うるわしい程に我々が敬慕した先生だった」

「先生が出発された時は、百五十名の生徒と父兄、そして県下の知名士が三重城に集って、先生を見送った。皆、ほとんど涙ぐみ、声をあげて泣くのもいた」

文部大臣への建白書

下国が沖縄を去る一カ月前の明治二十八年（一八九五）十一月十四日、最上級生五名が退校処分を受けた。漢那、照屋宏、真境名安興《まじきなあんこう》、屋比久孟昌《やびくもうしょう》、そして、伊波普猷である。

というのは、当初、彼らは、下国教頭や田島教諭の辞令をなんとか撤回させようと校長に直訴した。ところが児玉校長は「生徒の分際で生意気だ」と相手にしなかった。

そこで彼らは、校長排斥のストライキを起こすことにしたのである。しかし漢那はこう考えた。

「前年、英語科廃止の反対ストライキを謀議したとき、下国先生は強く反対された。今回も生徒の身でありながらこういうことをすれば、先生は悲しまれるにちがいない。いったん退校してから、ストライキを起こそう」

十一月五日、彼は退校願を提出し、翌日、三年生以上が退校願を提出して漢那に続いた。そして十一月十三日に漢那ら五名が校長に辞職を迫ったのである。激怒した児玉校長は、文部省令によって、この五名に「退校命令」を下した。

しかし、意気盛んな彼らにこのような脅しが通用するはずがなく、間もなく全校生徒が彼らに続き、学校は閉鎖されることになる。

伊波は、このストライキの顚末をこう語っている。

「最上級生の中で一番年をとったのは西銘五郎君で、一番若いのが漢那憲和君だった。この二人は、全校生徒を牛耳っていた。或日の夕方、二人が私の宅にやって来て、『自分たちは県のために犠牲になって、児玉校長を排斥しようと思うが、君も仲間にはいってくれないか』といった。私は、心の中で高等学校（現在の大学相当）に入学する特権を失うことを歎きつつ、涙をのんで二人の申し出に同意した」

「十一月五日の晩、我々は、参謀本部を渡久地《とぐち》政瑚《せいこ》君（後県会議長）宅の二階に作って、五年生全員を集めた。そして徹夜で作戦会議を行った。その晩、十一時頃、奈良原知事の所から、我々全部を呼びに来たが、『もう、酒に酔っておられるだろうから、今晩伺っては面倒だ』というので、翌日の未明に行くことにした。翌朝五時頃行って見ると、知事は、『決して軽挙盲動しないように』と、一同をなだめられた」

「翌日十一月六日、いよいよ三年生以上の退校願を一まとめにして登校し、漢那君が之を和田教頭につき出した。教頭は、『これは、私が受取っていいものでしょうか』といいながら受け取られたが、その手は少々震えていた」

「十一月十一日、私たちは、一年生と二年生が一時間目の授業がすんで教場を出ようとするのをつかまえて『我々は、これから大問題を解決しようとしているから行動を共にしてくれ』と言ったので、百余名の下級生はおとなしく後について来た。そこで我々は、元の高等女学校の運動場へつれていって、校長排斥のストライキ参加を呼びかけた。彼らはいずれも感奮興起して、行動を共にすることを誓った」

「十一月十二日、一、二年生が退校願を差し出した後、一同は瀬長島に遠足した。その頃、東村の某氏から三円の寄付があった。しかし十二、三名がストライキに加わらなかったため学校は閉鎖されないでいた。十一月十二日には、四年五年の主だった連中が、いよいよ校長外二教諭の所に辞職勧告に出かけていた」（いずれも『伊波普猷全集』）

十一月下旬になると、ストライキに加わらなかった生徒も、漢那の気迫におされて、とうとう「退校願」を提出した。そして、これをもって沖縄中学校は閉鎖されてしまったのである。漢那たちは民家を借りて、大本営「同志倶楽部」を設営した。

入口に掲げられたその看板、「同志倶楽部」は、横内という知事官房主任（現在の知事公室長）が書いたものである。これは漢那ら上級生たちが知事官房におしかけて、「書くまで断じて帰らない」といって座りこんだため、泣く泣く書いたというものである。

困り果てた児玉校長は父兄を呼び出して、ストライキを止めさせるよう説得させようとしたが、誰一人応じるものはなかった。かえって「同志倶楽部」には、寄付や激励文が殺到した。実に、金額だけでも百円に達したのである。当時、東京遊学生の学資は月五、六円で、百円といえば、現在の約六百万円に相当する。

「同志倶楽部」の作戦会議で、四年生の金城紀光がこう発言した。

「このストライキが我々の大勝となる公算は高い。しかしこのままでは、たとえ復学しても、学習上、大変な遅れを生じるのではないだろうか。四、五年生が主となって、三年以下の生徒に授業を行おう。これも、我々の結束をいっそう強めることになる」

そこで彼らは、午前と午後とに分けて、英語、数学、漢文の三課目を教えることにした。漢那は英語を、伊波は漢文を、照屋は数学を担当した。

「同志倶楽部」では、また、「ガラクタ文学」という琉歌会を作っており、ある日、照屋がおもしろい琉歌を詠んだ。

「イカデ、ドッグガ吠エタティ、イチャシ人間《ニンジン》ヌ、ウドルチャミセガ」

「どんなに犬が吠えたって、生きている人間は驚くものか」という意味である。

十二月上旬、漢那は、文部大臣に建白書を送ることを決意した。同時に「琉球新報」にも、同文を送付したのである。なおこれは漢那が脱稿し、真境名が浄書した。

退学願につきて

漢　那　憲　和
照　屋　　　宏
真境名　安　興
伊　波　普　猷
屋比久　孟　昌
外百五十名

余輩は嘗つて校長と戴き教師と仰ぎたる人々の非行を世間に暴露するに忍びず唯云々の非行ある校長教師の下にありては各自の身を誤るのみならず延ひて沖縄の前途を誤らんことを恐れ寧ろ斯る人々の管理教授を受けざるに若かざるを信ぜしが故に志を固くせるものと共に退学願を差出したるなり。然るに学校は其の願を聞き届けず、余輩を以って徒らに騒動を好むものと強い勧声を以て威迫し激言を放ちて圧せんとするのみならず余輩を以って沖縄の前途を誤るものとせり、余輩は実に斯の如き事を以て快とするものに非ず、已むを得ざるがために恥を忍び涙を呑みて暴露するに至れるなり。沖縄の青年は斯る人々の管理教授を受けざれば前途を誤るものなるか。噫余輩は沖縄の前途のために必ずしも斯る人々の管理教授を受けざる可からざるか。（中略）

余輩以為らく苟も一校に長たるものは宜しく其属僚を指揮し校務を監督し生徒の風紀を矯め教授の状況を察し徐に其企んとする所を行わざる可らず。而して其之をなさんとするには親しく其校に臨み其生徒に接するにあり。況んや教育者の最も重んずべき三大節及勅語奉読式に於いてをや。然るに校長は礼節を蔑如し校務を軽侮し辞をなして曰く己れ両校々長たれば之を充分に尽すこと能わず故に之を教頭に代理せしめたりと、これ一理あるが如しといえども深思熟考すれば総て遁辞たるを免れず。夫兼任は独り我校に於て見るのみならず、諸府県の学校また其例に乏しからず然るに未だ重大なる三大節神聖なる勅語奉読式を単に代理者の手に委任する校あるを聞かず。既に一方に出勤する以上は時間の便宜を計り然るべき方法を設くべきなり。校長之を弁じて曰く中師（中学、師範学校）両校に臨まんとせば時間に齟齬あり又時間に幾多の猶予あるも甚後なすべきこと多し勅語を解釈後遊技を演し以て勅語の真意を生徒の肝胆に銘ぜしむが如き是なりと嗚呼是こそ謬れるの甚しき夫れ師範校にて勅語を奉読后遊技を演ずると我校に臨みて勅語を奉読すると其事孰れが重大なるか。遊技は末なり勅語は本なり。一方の末を尽さんために他方の本を放棄するの理法あるか。（中略）

今年新入学の生徒は既に半才を経過するも一片の言辞一回の面謁なし是をしも生徒にこん切なる校長なりと言わば道路の人誰か親懇なるものならざらん。是をしも責任を尽せし校長なりと言わば校長は土像木像にて足り、なんぞ多額の費用を放ちて上に位しむるの要あらんや（中略）

世人謂えらく校長は探偵教育家なりと、曰く余輩不満に堪えず。之を質せしに曰く余は公同会の起るときに際し其趨勢の測るべからざるを以て本校生徒の誤りて其盟に加わるを慮り実は之を捜索したり是をしも探偵教育家と謂わば全は其称に甘んぜんと易ぞ誤れるの甚だしきや。夫れ校長にして真に生徒に憂慮を抱くならば正々堂々社会の表面に於て其利害を陳し懇々として之を尊かざるべからず是れ真正なる教育家の挙動に非ずや。然るを卑劣千万にも社会の裏面にも立入りて生徒の行為を調査するは是れ純正なる探偵教育家に非ずして何ぞや（中略）

抑も下国教諭は校長自ら之を聘用して重任に当らしめたる者なれば若し教諭にして失あらば校長亦不明の責に任じ其罪を分さる可らず。況んや教諭は赴任以来校務に尽され以て中学をして今日あらしめたるのみならず数年の間県下の教育に功労あるに於てをや。

（中略）

沖縄未だ開化の域に達せずとは言え説を二、三にせよ諂諛せよ情義を欠けよと教うる教師の授業を受くるに不堪（中略）

余輩は沖縄の現今を思い余輩の心中に顧み完全なる中等教育を受けんと欲するや切な

り然りと雖えども斯の校長斯の管理教授の下にあるは余輩の精神を腐敗せしむるを如何にかせん。青年を誤らしむるを如何にせん。延きては沖縄の前途を誤らしむるを如何にかせん。猶世人は余輩を目して軽挙暴動をなすものとなす乎余輩は唯静に斯る人々の管理教授の下を退かんことを願う而已

（傍点筆者）

県知事感服す

こうして明治二十九年（一八九六）をむかえた。漢那ももう十九歳である。普通なら卒業を控えて自己の針路を真剣に考えるべき年である。しかし、漢那の心は、それ以上のものに燃えていた。

一月一日、漢那は県庁の拝賀式に百五十名の中学生をひきつれて臨んだ。別に誰に強制されたわけでもない。しかも、参列した中学生たちの統制が見事であった。これには日ごろ、威丈高な官吏さえ圧倒されてしまったのである。

それればかりではない。漢那は、県庁前で堂々と奈良原知事弾劾の演説を行った。照屋宏の回顧によると、「その偉容は、凡人の域を脱していた」という（「毎日新聞」昭和十五年一月十三日号）。

一方、学校側では二十九年度の学生募集にのりだしていた。しかし新入生が入校したので

は学校が再開される結果となり、ストライキの意味がなくなってしまう。そこで、「同志倶楽部」では、県内各学校をまわって、生徒に入校を断念するよう遊説することにした。

一月二日、学生たちは教育係の伊波と真境名に留守を頼み、県下の遊説に出た。漢那と金城は国頭《くにがみ》方面へ（沖縄本島北部）、照屋と屋比久は中頭方面へ（本島中部）、西銘は島尻方面へ（本島南部）と、それぞれ下級生数名をつれて遊説を展開したのである。

折よく、国頭では教職員の会合が名護《なご》で行われていた。漢那は、ここぞとばかり壇上にはい上って、演説をこころみた。当初、このハプニングに教職員は唖然とした。しかし、青年、漢那の語る一言一句に、彼らは感動したのである。

翌日、漢那は国頭高等小学校の寄宿舎に生徒を秘かに集め、また演説をこころみた。ところが、このとき、同校校長の秦蔵吉《はたくらきち》に見つかってしまった。

漢那は小学校の校長ぐらいでひるむはずがない。生徒の面前で二人の激論がはじまった。

秦は、当時をこう語っている。

「舎監が私の所にとんで来て、見慣れない青年が生徒を集めて、何か演説しているという。昨日の教研集会のことが思い出されたので急行したところ、何やら生徒たちが漢那さんの言葉に謹聴していた。聞き耳をたててみると、『児玉が校長でいる間、中学を受験するな』ということを話している。校長として容認するわけにはいかず、『教唆的な言動をするのは、やめてもらいたい』と注意した。漢那さんは、私に一礼した後、

『今回のストライキ事件の真相は、おわかりのことと存じますが、校長は、我々に対して同

情されるのですか』と、かえって私が詰問されてしまった。

私は、『児玉校長にも中学生徒にも、いずれにも同情する勇気はない。しかし、正義が滅ぶ程、沖縄は腐敗していないから、いずれ、天は正義に味方するのであろう。ただこの際、生徒を教唆して、将来を誤まらせることがないようにしてもらいたい』と語った。

そこで漢那さんは、一礼して出ていったが、生徒は、漢那さんの熱弁に圧倒されて、しばらく声もでなかった」（『南島夜話』）

こうして二、三月になっても、中学を志願する者が一人もいなかった。学校は荒れ放題、運動場など草原のようになっていた。また、中学教員の中にも彼らに同情する者が増えはじめ、夜半、秘かに、情報や活動資金を提供するようになって来た。

明治二十九年三月二十日、ついに県知事は児玉校長の解任を決定した。そして、この報は即刻、「同志倶楽部」に伝えられたのである。一同は狂喜した。漢那の喜びもひとしおであったろう。

このころ、漢那の名は県下に知れわたっていた。その中でとくに、漢那を見そめた者がいた。

奈良原繁県知事である。知事はこのとき六十一歳。明治維新のときには、その勇猛をもって天下に名をとどろかせた薩摩隼人であった。

第二章　ハイカラ海軍士官

黄金の日々

海軍兵学校――田舎者から英国流紳士へ

ここで、海軍と海軍兵学校について簡単に述べておこう。

世界の歴史は、制海権争奪の歴史でもある。かつて伊藤政之助は、その著書『世界戦争史』（昭和十四年刊）において、「世界歴史始まっておおよそ三千五百年間に戦争の無い年は僅か約三百年に過ぎなかった」と述べている。世界史を百年とすれば、八年間を残し、常に世界のどこかで戦争が行われていたことになる。まさに、とりわけこの中でも、海戦の結末は国家の盛衰を決定的なものにしている。

紀元前四九二年、ギリシャとペルシャ（今のイラン）が地中海の制海権をめぐって海戦を行って以来、紀元前二六四年ローマとカルタゴ（紀元前一四六年滅亡）、一五八八年イギリスとスペイン、一六五二年イギリスとオランダ、一八〇五年イギリスとフランス等と、海戦はくりかえされた。そして制海権を掌握した国は、確実にその独立と繁栄を築いてきたのである。

明治の元勲たちは、この史実を直視した。すでに彼らは、明治三年（一八七〇）にはイギリスへ海軍留学生を送りだし、また港湾、造船所を造り、海軍建設へと乗りだしていた。

しかし、海軍は戦争手段ばかりではない。平時には国際外交の手段として機能する。従って、海軍士官には外交官としての職能も要求されるのである。歴史を見ると、一艦長の誤った判断が国際間の紛争へ拡大した事例は少なくない。

このようなことから、各国は海軍士官の養成に国家最高の力を傾注している。そしてこの海軍士官を養成する機関を、一般に海軍兵学校（ネーバル・アカデミーまたはカレッジ）と呼ぶのである。

ヨーロッパでは、最近までこの兵学校に王族か貴族の子弟しか入れなかった。また米国では、いまでも兵学校入学資格として、州議会議員、上院議員などの推薦を必要としている。

帝国海軍兵学校、それは、かつて全国青少年の憧れのまとであった。

明治二年、海軍操練所として創立されて以来、終戦まで一万千百八十二名の海軍士官を養成した所である。卒業生の中には、六名の総理大臣をはじめとし、大使、国務大臣と、国家の枢要な地位に就いた者も少なくない。しかしここで注目しておくべきことは、陸軍は、絶対君主制国家プロシア（ドイツ）を手本としたのに比べ、海軍は、立憲君主制国家のイギリスに範を求めたことである。そして海軍兵学校は、イギリス流の紳士教育と、国際性を重視した教育を行った。

また、その制服が実にスマートであった。

我が国の海軍兵学校の美点がもう一つある。

それは、欧米の兵学校に比べて、生徒の家柄にこだわらなかったことである。かつて、兵学校の英語教官をつとめたセシル・ブロックが、「日本海軍兵学校は、上は親王殿下から、下は漁民の息子までいる」と驚嘆している。

また兵学校は学費が要らない。従って入校さえすれば、金をかけずに誰でも立身出世できるというので、その競争率は極めて高かった。明治初年、すでに兵学校予備校として「攻玉社」が東京に建てられていた。さらに終戦まで、各地の旧制中学校ではこの兵学校や陸軍士官学校への合格率をもって、そのレベルが判定されていたのである。

沖縄で兵学校に合格した者は、開校以来昭和十二年（六十八期）までにわずか四名で、実に、十八年に一人の合格者を出す程度であった。

ここで漢那が兵学校を志したころの国際情勢について述べておこう。

明治二十八年（一八九五）、清国に勝利した我が国は、遼東半島、台湾、澎湖島を領有することになった。しかし、この条約が調印されてわずか六日後、ロシア、フランス、ドイツの三国が遼東半島の返還を要求してきたのである。いわゆる三国干渉である。しかもロシアは、返還された同半島の旅順、大連を清国から租借して、海軍基地を建設した。

また米国は、ハワイ領有を策して、明治二十一年、カメハメハ王国転覆をはかった。しかし、ハワイ王国から救援依頼を受けた我が国はどうすることもできず、僅か数隻の艦艇を日本移民保護の名目で派遣しただけにとどまった。

このような情勢から、我が国に「臥薪嘗胆《がしんしょうたん》」の言葉が生れ、国防力の強化が叫ばれていたのである。

話を戻そう。

「知事、恐ろしい青年《ニーセー》がおります……」

酒豪の奈良原知事は、鹿児島県人や県庁官吏を呼んで晩酌を絶やさなかった。名護で漢那と議論した国頭高等小学校校長秦蔵吉が、奈良原のもとへやってきて開口一番、こうもらしたのである。秦だけではない。中学ストライキが開始されて以来、晩酌にくる面々が最初に話すのは、ほとんど漢那のことであった。知事はそのたびに青年時代の自分の生き様と重なる漢那に好感を持った。

明治二十九年三月二十日、知事はついに児玉校長解任を決定した。その翌日、漢那宅に使いを送り、知事官舎に漢那を招いた。

このとき、将来の進路を聞かれた漢那は、

「海軍兵学校へ進学希望です！」

と即答した。

奈良原は驚いた。

実は、奈良原も息子の三次を兵学校へ進めたかったが、身体が適さず断念していたのである。眼光鮮やか、いきいきとしたこの青年を、奈良原は支援することにした。

漢那の兵学校進学の熱意にうたれた奈良原は、早速、親友の西郷従道《つぐみち》海軍大臣を通じて入試要項をとりよせた。しかし、これを見て二人は驚いた。

試験実施日は、七月十五日、年齢制限、満二十歳とある。漢那にとって最初で最後のチャンスなのだ。しかも受験日まで四カ月もない。

漢那は、夜を日についで、懸命に受験勉強にとりかかった。

知事は漢那の保証人を引き受けた。というのは、兵学校生徒は将来、国家の代表として重大な使命を果さなければならない。そのため、生徒の身元は厳しく調査されたのである。しかも入試にあたっては、それなりの役職をもった人物二人が保証人にならなければならなかった。

漢那の場合、もう一人の保証人を更迭された児玉の後任和田規矩夫校長（第八代校長）が引き受けた。

ところが今度は、母オトが漢那の兵学校進学に反対だと言いだした。

「代用教員でもさせて、早く家を継がせたい」と、言うのである。

しかし、折よく商用で来島した下国元教頭が、漢那家を訪れて説得した。

こうして漢那は、明治二十九年七月十五日を迎えた。

第二十七期海軍兵学校生徒の入試は、東京、広島、熊本、金沢、仙台の五カ所で行われた。漢那は、東京にある奈良原邸に一カ月居候して体調を整え、ここから受験したのである。この日は、奈良原夫人手作りの弁当が、漢那を一段と奮起させた。

夫人は、奈良原の若いころにも似た漢那を歓迎した。当日も、一家総出で漢那を門前まで見送っている。

当時の兵学校の入学試験は、身体検査から始まった。これに合格した者に、翌日、学術試験を受ける資格が与えられる。この学術試験が有名な「ふるい落とし」である。

当日の受験課目に合格点がとれなければ、控え室に貼り出された姓名が赤線で消されて、翌日の受験ができない。従って試験日を無事終えることができれば、おおむね合格なのである。そして、この最終日が口述審査であった。

漢那が受験したとき、こんなエピソードがある。

兵学校生徒の身体基準の中で、漢那は身長がぎりぎりである（兵学校の身長基準は五尺一寸、約一五四・五チセン以上である）。この検査のとき、漢那はこっそりかかとを上げていた。試験官も心得たもの、頭にのせるT定規をおいて、「貴君の身長はどれ程と思うか」と聞いてきた。

漢那が返答に困っていると、試験官は笑って、

「合格！」と耳元でささやいた。

兵学校生徒の身体基準というのは、そうとう厳しいものがあった。将来、日本の代表として欧米社交界で見劣りするようでは、我が国のイメージダウンになるからであろう。かつて、兵学校入試の際、眉目秀麗な秀才が、ハゲがあっただけで落第させられたというエピソードさえあった。

学術試験は、英語（英文和訳、和文英訳、文法、書取、会話）、漢学（白文訓点、作文、記事、論文）、数学（算術全体、代数、平面幾何全体）の三科目であった。

この二年後、入試科目に物理、歴史、地理、図画の四科目が加えられた。入試科目に偏重しすぎて、入校後の兵学校教育についていけない生徒が続出したためである。

試験の最終日、漢那が答案を出して退室するとき、試験官補佐の下士官が、「あなたは合格ですよ」と言った。

漢那は信じられなかった。というのは、その前日の英語の試験が満足にできなかったからである。しかもこのときは、まだ受験者全員の答案の総合審査もおわっていなかったから、下士官の言葉を、「ああ、そうかな」と軽く受けとっていた。しかし東京の受験生の中で、漢那は二位で合格していた。

漢那が兵学校入校を決意した裏には、学資が要らないという一因もあったかもしれない。当時、弟憲英も中学に進学しており、母オトは彼らの学資捻出に相当苦労していたようである。

十月一日、沖縄に帰った漢那のもとに電報が届いた。

「カイヘイゴウカク、イインテウ」である（イインテウとは、海軍省教育局海軍生徒採用委員長の略）。入校時の成績は、百二十三名中、四位であった。ちなみに、漢那が兵学校を卒業したときの総合成績は三位となっている。当時としては、全国屈指の優等生であったといっても過言ではない。

後に海軍大将となった兵学校二十九期の藤田尚徳《ひさのり》など、名門東京府立一中から「攻玉社」を経て海兵を受験したが、入校成績が二位で、卒業は十五位である。有名な山本五十六元帥も、入校成績は二位、卒業は十一位であった。

また後年、海兵に進んだ旧薩摩藩主の長男、島津忠重《ただしげ》は、兵学校進学のため、その受験準備係を山本権兵衛海軍大将（後総理）に頼み、兵学校と同じ日課と居住区を作って入試に臨んだのである。

一方、恵まれた子弟たちは、「攻玉社」などから海兵を受験していた。後、海軍大将となった上村彦之丞《かみむらひこのじょう》、鈴木貫太郎《かんたろう》（後総理）、財部彪《たからべたけし》（後海軍大臣）、加藤寛治《ひろはる》（後海軍軍令部部長）、大角岑生《おおすみみねお》（後海軍大臣）たちである。

「漢那、海兵四位合格」

奈良原知事は、漢那が合格の報告に来る以前に、西郷海軍大臣から伝え聞いていた。

知事は感激した。

「ヨカ、ヨカ、ワシの目に狂いはなか。漢那ドンは、必ず、大将、大臣になる男ジャ」

晩酌のたびに、知事はこう語っていたという。中学ストライキ事件は、漢那にとって奈良原知事にみそめられる天の配剤となったのである。

東北人の中村生徒と「体制打破」を誓う

海軍兵学校は当初、東京築地にあった。しかし生徒の教育環境を考えた海軍は、明治二十一年に広島県江田島に移設したのである。以来、この「江田島」は、海軍兵学校の代名詞ともなった。

江田島は、瀬戸内海に浮ぶ小島で、近くには歴史に名高い音戸瀬戸や宮島があって、実に風光明媚な環境にある。そしてここは、現在、海上自衛隊幹部候補生学校及び第一術科学校として使用されているが、校内はヨーロッパの貴族邸を思わせるほどで、かつての栄光を現代に伝えている。

漢那は、十一月九日の着校日に臨むべく、明治二十九年（一八九六）十月三十一日、郷関を後にした。

出発の日、那覇港には知事や和田規矩夫校長をはじめ教職員、級友多数が集ってその壮途を祝してくれた。

十一月七日夕刻、江田島小用桟橋に上陸した漢那は、近くの旅館で旅装をといた。しかし兵学校へ急ぐ気持は抑えきれず、正門まで足をのばすことにした。そして、校門付近から校内を遠望していると、偶然、通りがかった青年士官が漢那に歩みよってきた。

「漢那君、はるばる沖縄から御苦労さん」

きょとんとした漢那に、青年士官はほほえんで言った。兵学校教官の某大尉である。

兵学校では、生徒の入校が確定すると、教官一人が指導教官として新入生徒にあてられ、父兄役をつとめていた。そして彼らは、指定された生徒が入校する以前に、写真と履歴書をもって生徒の心情を把握していたのである。

その夜、漢那は某大尉の官舎に招かれた。そして風呂をもらい、夫人心づくしの料理に舌つづみをうった。漢那の食欲はすさまじく、大尉夫人はほほえみながらおかわりをついだという。

漢那が泊る生徒倶楽部に中村良三という新入生がいた。その夜二人は話しこむうちに、すっかり意気投合する。

中村は青森県の出身で、当時、東北出身者は、「白河以北、一山百文」などと、薩長出身者から嘲られ、政府の主要ポストから外されていたからである。そこで南北両辺の二人は、体制打破のためにもやりぬこうと誓いあった。

中村は医者の息子で、兵学校入校から卒業まで、平均九十点以上を獲得してトップを独占した。後に大将に昇進、呉鎮守府長官、艦政本部長を歴任、今次大戦で中野正剛に影響を与え、彼の東条倒閣運動を刺激したリベラリストであった。

いよいよ着校日、彼らは生徒館への道を一歩一歩踏みしめながら、洋々たる前途に胸を躍らせていた。そして最終身体検査の後、短剣と制服が支給され、彼らは兵学校生徒になった実感をかみしめるのである。

ここで江田島の生活をのぞいてみよう。

兵学校は、英国パブリックスクールに倣って、早くから上級生による「自治」が行われていた。

教育年限は、時代により三年ないし四年、日常生活は分隊単位で、一個分隊に上下級生が均等に分けられていた（これを「タテ割り」という。時代により、「ヨコ割り」のこともあった）。そして、ここで上級生のリーダーシップと、下級生のフォローシップが培われたのである。また分隊対抗の諸競技が盛んに行われ、そのチームワークが重視された。

授業内容は、生徒の国際性と科学的知識を養うために、語学や理工学に重点がおかれた。当時のカリキュラムを見ると、英語、物理、図画、化学、数学、法律、船舶機関術、運用術、航海術、砲術等が記されている。

これと同時に、海軍将校にふさわしい礼節と社交性を身につけさせるため、「テーブルマナー」や「馬術」などのたしなみも正課に準じていた。

もちろん、軍人教育の場であるから、体育も活発である。そしてこの兵学校在校中の総合成績をもって、生徒は席次が決められていた。いわゆる、「ハンモックナンバー」というもので、後々の昇進に大きな影響を与えていくのである。

こうして江田島の生活は、まず早朝の起床ラッパにはじまる。ラッパが鳴りはじめると、一刻を争って起床し、服をつけ、ベッドの毛布をたたむ。そして大急ぎで生徒館前に集合して点呼を受ける。

新入生は、上級生が居並ぶ前で到着順に横一列に並んでいく。遅れると非常に目につく。しかしベッドをいい加減にたたんで出て来た者は、上級生からたっぷりしごかれる。

こうして朝をむかえた兵学校生徒は、一日中時間に追いまくられる。時間を有効に使う習性を身につけさせるためである。とくに新入生にとって江田島生活は夢を見るひまもなかった。

元来、兵学校では、外出日は日曜日だけである。しかし新入生には、休みとてないときが多い。さらに校内では、いたる所に上級生の眼が光っており、いろいろな機会に教育を受ける。当然、この生活や学課についていけず、脱落する者も少なくなかった。

漢那も中村も、入校の喜びなど一晩で吹きとんでしまった。

当時の兵学校校長は、日高壮之丞《そうのじょう》大佐（鹿児島出身、後大将、常備艦隊司令長官）で、上級生には、二学年に野村吉三郎《きちさぶろう》（後大将）、山本信次郎（後少将）、三学年に山梨勝之進《かつのしん》（後大将）などがいた。戦後は、野村は後にハーバード大学へ留学、駐米大使として日米戦回避に尽力した。戦後は、参議院議員や日本ビクターの社長をつとめている。また山梨は、海軍次官、学習院院長として裕仁親王の訓育にも貢献した。

漢那が入校したとき、琉球から最初の入校生ということで、かなり注目された。

ある日、漢那はトイレのノックを忘れて、ドアをあけてしまった。すると、そこには上級生のあらわな姿があったのである。逃げるわけにもいかない。トイレの外で漢那は恐る恐る直立不動の姿勢で待っていた。

大東亜戦争中のあの殺気だった兵学校だったら、まちがいなく鉄拳、数発を受けていただろう。

「貴君が今度、『琉球』から来た生徒か。頑張れよ」
件《くだん》の上級生は、叱るどころか激励して去っていった。

時間がたつのも早いもの。こうした生活も、あっと言う間に一年近くが過ぎてしまった。このころになると、新入生も要領を覚えて、上級生に怒鳴られることもめったになくなってくる。そして学年末試験が終ると、彼らはようやく一息つくのだ。

彼らが二学年に進級すると、新入生が入ってくる。すると彼らは「生れながらの兵学校生徒」であるかのようにふるまうのである。

漢那の一クラス下二十八期生の中には、左近司《さこんじ》政三《せいぞう》（後中将、国務大臣）や永野修身《おさみ》（後元帥、海軍大臣、軍令部総長歴任）らがいた。

三十九年後、昭和十一年（一九三六）五月三十一日、漢那は民政党代議士として、永野は海軍大臣として衆議院予算委員会で海軍軍備計画について白熱した議論を交す。漢那は海軍の旧態依然たる大鑑巨砲主義を批判し、戦艦「大和」の建造計画にも反対意見を展開している。

話を戻そう。

明治三十九年（一九〇六）、兵学校に入校した井上成美《しげよし》大将は、生徒時代をこう回想している。

「兵学校の教育は、何となく貴族的な香りがあったと思います。（中略）要約すれば、兵学校の生活にはリズムがあり、調和があり、詩もあり、夢もある生活であったと思います」（『井上成美』井上成美伝記刊行会）

二学年になった漢那も、こうした江田島の春を味わっていたであろう。

漢那はまた、柔道が上達し、武道大会では分隊代表として出場した。そして得意の背負い投げをもって優勝している。

また彼は江田島の道場で、後に軍神となる広瀬武夫中尉（海兵十五期、後中佐）の胸をかりて稽古したことを誇りとしていた。

漢那の努力は凄まじかった。

兵学校では、たとえ試験前夜でも、灯火は定時に消される。しかし灯が消されない所が一カ所だけあった。「便所」である。漢那はここに教科書をもちこんで、勉強していたという。

明治三十年、こうして二学年に進級した漢那は、親王殿下臨場の二十五期生徒の卒業式の場で品行善良賞を受けた。中村良三もいっしょである。これは、兵学校生活の中で、一年間をとおして、学術、体育の総合点で上位にある二、三人に授けられるものであった。

翌三十一年、漢那は最上級生、三学年へ進級した。かつて海軍士官の多くは、「海軍大将か、江田島の一号生徒（最上級生）になりたい」とよく語っていた。

自治組織の兵学校では、確かに、多くの下級生を従えて「ゆとり」のある生活だったかもしれない。

当時、二十七期では中村が断然トップを保っていた。ところが二番の席次をめぐって、鹿児島出身の黒岩篤（後、三十歳で病没）と漢那憲和が激しくせりあっていたのである。

漢那は新入生（二十九期）の訓練係を命じられた。このとき、漢那から訓練指導を受けた者の中に、米内光政《よないみつまさ》（岩手県出身）がいた。

米内は後に、総理大臣、海軍大臣、連合艦隊司令長官、ロシア駐在武官等の重職を歴任、日米開戦回避や終戦に身命を賭したことで有名である。なお、昭和十四年（一九三九）、漢那が平沼内閣の内務政務次官をつとめたとき、米内は海軍大臣であった。

ところで、漢那とともにストライキを指導した沖縄中学のかつての最上級生たちは、その後どうなっていただろうか。

西銘五郎、照屋宏、伊波普猷の三人は、卒業証書も交付されないまま、高等学校の受験勉強にとりかかっていた。彼らも漢那が兵学校に進んだ明治二十九年（一八九六）に上京していた。

ところが、高等学校を受験するには中学の卒業証明書が要る。三人は途方にくれていた。折よく上京していた和田沖縄中学校長が、これを聞きつけて府内を奔走し、ようやく明治議会中学に彼らを編入させた。

こうして、ようやく「卒業証明書」を手に入れた彼らは、翌三十年、揃って第一高等学校（後の東大教養学部）を受験した。ところが、合格したのは照屋ただ一人であった。

明治三十二年（一八九九）十二月十六日、ついに海兵二十七期生に晴れの日がおとずれた。御名代の宮、有栖川宮威仁《ありすがわのみやたけひと》親王殿下の台臨をあおぎ、栄えある卒業式が行われた。国の最高エリートを送り出すこの式典は、新生日本の重要な国家行事の一つでもある。湾内には、呉鎮守府所属艦隊の軍艦三隻、練習艦二隻、そして兵学校付属二隻の計七隻の艦船が錨泊して満艦飾を施している。

朝、御召艦が入港すると、在泊中の各艦艇は登舷礼を行い、次々に皇礼砲二十一発を放った。

殿下は、兵学校校長、河原要一少将の案内で生徒館に入り、教官の中、高等官や外人教師と懇談された。そして殿下は、午前十時三十分、軍楽隊の奏楽とともに式場に臨まれた。式に列席した人々の中には、華頂宮《かちようのみや》、梨本宮《なしもとのみや》の両親王殿下をはじめ、侍従武官、東宮武官、艦隊司令長官、広島県知事、検事長などが列席していた。

いよいよ、海兵二十七期生徒に対する卒業証書の授与式が始まった。

トップに中村良三が呼ばれ、壇上に進んで有栖川宮から証書が手渡された。二番目は、鹿児島出身の黒岩篤が呼ばれ、三番目に漢那憲和が呼ばれた。そして順次証書が手渡された。

五十番目には末次信正《すえつぐのぶまさ》の名前があった。末次は後に海軍大将まで昇進し、軍令部次長や連合艦隊司令長官等の重職を務め、また、第一次近衛内閣で内務大臣を務めた。ところが、なかなかの対米強硬論者で、昭和海軍に分裂を生じさせる一因を作った男である。

こうして、総勢百十三名の生徒に対し、殿下から一つ一つ卒業証書が授与された。そしてこれが終ると、軍楽隊の鼓笛が高らかに鳴り響いた。

次は、優等者への御下賜品の授与式である。

中村良三、黒岩篤、漢那憲和の三名が再び壇上に進み出て、天皇陛下の恩賜として双眼鏡が授けられた。

大きな拍手が一斉に湧き上がった。とくに浅黒く日焼けした漢那は、沖縄出身者ということで一層の注目を集めていた。

その後、河原校長による訓諭文の朗読、卒業生総代の答辞と続き、殿下の御退場をもって卒業式は終了した。そして恒例の園遊会が催された。

軍楽隊が演奏するバックミュージックの中で、卒業生や教官は、三年間の学校生活をふりかえり、思い出話に花を咲かせるのである。このとき、漢那も中村も互いに健闘を祝福しあったにちがいない。

園遊会が終ると、有栖川宮は御召艦に御帰りになった。このとき、各艦は再び登舷礼を行い、皇礼砲二十一発を放った。その後卒業生は、練習艦「金剛」「比叡」二隻に分乗した。

翌十七日の朝、この練習艦隊は在校生の漕ぐカッター（手漕ぎの大型ボート）十数隻に送られて、日本沿岸の練習航海に出発した。そして翌年、彼らは遠洋航海と称する外国旅行に出帆するのである。

遠洋航海――初めて見る白人社会

海軍は、兵学校卒業と同時に全候補生に外国を見聞させた。そのため帝国海軍士官は、その在職中に最低一回は外国に行かされたのである。これに比べ陸軍士官は、選ばれたごく少数の者が、中年になってようやく外国に行くという程度であった。

このころ、一般の国民ではなかなか外国へ行けなかったため、この海軍の遠洋航海は、大変な魅力であった。

江田島を出て、少尉候補生に任命された彼らは、単艦、または数隻から成る練習艦隊を編成し、洋上訓練を重ねながら諸外国を訪問した。

コースは年によって異なるが、主に南北アメリカ方面、ヨーロッパ方面、環太平洋方面と区分されていた。後年、世界一周のコースもこれに加わった。

海兵三十七期の井上成美大将は、入校一カ月後、練習船で瀬戸内海を巡航しているが、このときでさえ、「特別仕立の観光旅行をした様なもので、海軍はなんと私どもを大事にするところだろう」と感じたという（『井上成美』井上成美伝記刊行会）。

練習艦隊が訪問国と礼砲をかわしながら入港すると、駐在の日本大使や訪問国の政府、軍高官が乗艦して少尉候補生に国情を説明する。その後、彼らは重要施設や史跡を見学する。夜は、訪問国や在留邦人によるレセプションやダンスパーティが行われ、青年士官たちは、絵巻物を見ているかのような錯覚さえおぼえる。

また在留邦人にとって日本艦隊の来訪は、故国の土の香とともに、頼むべき祖国との再会でもあった。彼らは熱狂して、日の丸の小旗をうちふるのである。

明治三十三年（一九〇〇）二月、二十三歳の漢那少尉候補生は、こうして艦長今井兼昌《かねまさ》大佐指揮の「金剛」で遠洋航海の壮途についた。

航路は、横須賀を出て、香港、マニラ、バンカ、木曜島を経て、オーストラリアのシドニー、メルボルン、ニュージーランドのウェリントンを訪問、フィジーを経て横須賀へ帰るというものであった。彼らは、そのコースのほとんどが大英帝国の領土であるのを見て、改めてセシル・ローズの言葉を思い出していた。

セシル・ローズは、当時、ケープ植民地の宰相で、「世界はほとんど分割され尽くした。できることなら惑星をも併合したい。我々は世界第一の人種である」と豪語していた。

この遠洋航海で、青年士官はさまざまなロマンに出会う。中には候補生に一目惚れした白人女性が、海軍大臣にラブレターの照会状を出し、艦隊が帰国する以前に事が進んでいたというエピソードなども少なくなかった。

漢那もこのとき、多くのロマンを体験した。とくにメルボルンで出会ったことは、生涯忘れ得ぬ思い出となった。

漢那少尉候補生は、中村候補生らと市内見物を楽しんでいた。そこへ町の富豪、ウィリアム・ダーリンが通りがかった。

「貴官らの階級は何ですか」

こう問われた漢那は、

「ア、アドミラル（提督）」

と失言した。英語には相当、自信をもっていた漢那も、大柄な英国人から突然話しかけられて、上気したのだろう。

ダーリンはほほえんで、

「そんなにお若くて、もう提督ですか」

と問い直した。

漢那は、すっかり赤面して、次の言葉がどうしても思いつかない。

「イン・フューチャー（将来）」

中村候補生がこう答えて、ようやく日本海軍の体面を保つことができた。

ダーリンは、この愉快な候補生に好感をおぼえた。そして邸宅に彼らを招き、アットホームに歓待したのである。ところが入浴をすすめられた彼らは、また漫才をやってしまった。

二人は、バスタオルに石けんをたっぷりぬって、

「毛唐は体格が大きいから、タオルも成程、大きいわい」

と言いながら背中を流しあった。

そこで、びっしょり漏れたバスタオルを見たダーリンは、二人に使用方法を尋ねた。そして、これを聞いたダーリンは、今度は腹をかかえて笑った。

この夜、彼は隣人を招いて、ホームパーティを催した。

「未来の提督に乾杯！」

老若男女は、次々にグラスを傾けた。

ところでこのころ、沖縄はどうなっていたのであろうか。

明治三十二年（一八九九）、漢那が遠洋航海に出る一年前、沖縄県民は、あるできごとに驚嘆していた。

廃藩置県後、東京に移住していた旧琉球王子尚典が帰省したのである。ところが彼の服装は完全な洋装であった。これを見た頑固党（清国派）の面々はとくに驚愕した。当時、県民の多くは未だ結髪、琉装で沖縄方言で話すという、旧藩体制そのままであった。

また、那覇港では、徴兵令や廃藩置県を嫌って清国へ逃亡した県人が強制送還されていた。帰ってきた彼らの姿は、これまた、清国スタイルの弁髪で便衣服を着用していた。

明治三十二年の「大阪朝日新聞」に、「琉球人、福州に寄食す」という見出しで、清国政府の厄介になっているこれらの県人が非難されている。

一方、彼らを横目で見るかのように、沖縄初の海外移民や本土出稼ぎ者が那覇港を出ていった。

次に、当時の国際情勢にふれてみる。

明治三十一年、スペインに勝利した米国は、旧スペイン領のキューバ、プエルトリコ、グアム、フィリピンを併合した。

ロシアは、清国を脅してウスリー鉄道の敷設権を獲得、明治三十五年には、シベリア鉄道を完成させた。そしてこれこそ、極東進出の重要な足がかりとなった。

オランダは、明治三十七年、インドネシア全体を征服し、オランダ領東インドを形成した。

また、当時超大国であった英仏二カ国は、アジア、アフリカのほとんどの地域を支配し、その分割をめぐって世界各地で衝突していた。ドイツは、このころ中国進出の足がかりとして膠州湾を占領した。

このように、アジア諸国、とりわけ中国は列強の餌食と化していたのである。

明治青年のロマン

「沖縄県民よ奮起せよ！」漢那少尉講演す

練習艦隊は、約六カ月にわたる航海を終え、明治三十三年（一九〇〇）七月三十日、横須賀軍港に帰投した。そこには、親友の照屋宏と伊波普猷の二人が待っていた。照屋は、この年の三月に一高を卒業し、京都帝国大学工学部に進学していた。また伊波は、四年の浪人生活に耐えて、ようやく第三高等学校に進学を果したところである。

三人はその夜、時のたつのを忘れて再会を喜んだ。とくに伊波は、中学時代、「外交官」

をめざしていたこともあって、漢那の異国談に食い入るように聞きいっていた。そして伊波と照屋の二人は、あれほど蛮カラだった漢那が、見違えるほど紳士に変貌しているのに驚嘆した。

間もなく、漢那は巡洋艦「常磐」（九七〇〇トン）乗組を命ぜられた。

これまで、練習艦隊では同期生が互いに助けあって職務を遂行してきた。ところがこれからはそうはいかない。まして、多数の部下をもたされるということもあって、青年士官は緊張して赴任していくのである。

「常磐」は、約二カ月間、西日本沿岸および東支那海方面を巡航演習し、十月二日、佐世保海軍工廠に入渠《にゅうきょ》した（ドックに入れて船体の手入れをすること）。そしてこのとき、乗員に長期の休暇が与えられた。漢那は、故郷の母を佐世保に招くことにした。ところが母オトは完全な琉球衣装で佐世保にやってきたのである。しかも、手の甲にはハジチがしてあった。ハジチとは、沖縄女性が手の甲に入墨することで、自衛、既婚の印として、当時広く行われていた。これは、明治三十二年、内務省令によって禁止されるまで、王府時代から長く続けられていたのである。

この見慣れない女性とエリート士官のコントラストに、佐世保の町を歩く人々は足を止めて振りかえった。しかし漢那は、いっこう意に介さなかった。

明治三十四年一月、漢那は晴れて海軍少尉に任官、正八位に叙せられた。当時、二十四歳である。また、同じ日、砲艦「橋立」（二一一〇トン）乗組を命じられ、約六カ月をかけて南洋方面を巡航した。

青い空とヤシの実、ポリネシアンの美女に魅せられた海の男たちにとって、この航海は実にロマンにあふれていた。

このころ中国では、テロが横行していた。清国山東省には、「義和団」という結社が組織された。これは外国人排斥を目的とするもので、外人経営の病院、教会、学校などを襲撃し、外国人殺害を開始していた。

ところが清国政府はこれを取り締ろうとせず、かえって援助するという始末であった。そのため、日、英、仏、米など八カ国は、共同出兵して鎮圧にあたった。いわゆる北清事変である。しかしロシアは、この混乱に乗じて、満州（中国東北部）に陸軍を展開する。

一方、ヨーロッパ方面で彼らと国境を接するドイツは、ロシア皇帝に「黄禍論」をとなえて、その矛先を極東に向けさせていたのである。ドイツ皇帝のいう「黄禍論」とは、「チンギスハンにも似た強大な勢力が極東に勃興しつつある」という日本脅威論であった。

このような情勢下、英国が我が国に同盟を打診してきた。

当時、世界最大かつ最強を自任する大英帝国が、東洋の小国日本に同盟を打診するということは、まったく異例のことである。

それだけ、英国もロシアの膨張政策に脅威を感じていたのである。

明治三十四年八月、六カ月の南洋巡航を終えた「橋立」は、横須賀に帰投した。ところが漢那は、息つく暇もなく佐世保水雷団第三水雷隊隊付を命じられた。そして日本海方面の哨戒任務に従事することになる。これはロシア艦隊への警戒や、北清事変に伴う中国大陸への兵員輸送が任務であった。

翌三十五年六月、事変は終結した。そして漢那にも約一カ月の休暇が与えられた。漢那家では、この一年前、祖父憲敬が他界していた。そこで漢那は、墓参のため帰郷した。実に五年半ぶりである。

七月二十五日、漢那の乗った汽船は、真っ黒い煙をはきながら鹿児島港を出帆した。そして、飛び石のように続く南西諸島にそって南下する。

二十九日早朝、沖縄本島北端がくっきりと浮び上がってきた。久しぶりに見る故郷の山河。入港がこれほど長く感じられることはない。

港では、母オトや親類数人が彼をむかえた。

漢那は、その足で奈良原知事を訪ねた。県庁と漢那家は、目と鼻の先である。純白の士官制服は、南国の太陽を反射して目映いばかりに輝いていた。

偶然窓外に目をやっていた知事は、ふとそこに、海軍少尉の漢那が歩いてくるのを見た。知事は、すぐ県庁の門前まで走りだした。

「海軍少尉漢那憲和、本日、休暇にて帰省いたしました」

スマートな海軍式敬礼をしながら、漢那はこう挨拶した。

「漢那ドン、こんなに偉うなられて、制服がよう似あう……」

奈良原は、漢那の肩をたたきながら、眼をうるませた。そして、我が子を自慢するかのように、漢那を県庁の官吏たちに紹介したのである。知事は三日三晩、漢那を離さなかった。

漢那家には、中学の後輩たちがひっきりなしに押しよせ、海軍生活や異国事情を食い入るように聞いていた。彼らもすっかり国際人になった漢那に、強い印象を受けたのである。

八月三日、那覇で私立教育会総会が開催された。

漢那は、この総会に来賓として招かれ、奈良原知事のあと、「沖縄県民は海を恐れることが甚だしい」と指摘して、県外雄飛を促すと同時に、向学心の醸成を促す講演を行っている。

このとき漢那は、弱冠二十五歳であった。

壮絶・日本海海戦

明治三十七年（一九〇四）一月、ロシアが満州を南下して朝鮮半島に侵入しようとした。

このため、我が国は二月十日、ロシアに宣戦布告した。英国がかつてベルギーの安定化を図ったように、朝鮮半島は我が国防衛上、枢要な位置にあった。

漢那はこのころ二十七歳で、海軍大尉に昇進していた。七月十三日、戦艦「金剛」航海長を命じられた。

ところが九月末日、艦上にて激しい腹痛に見舞われ、検査の結果、赤痢と判明したのである。即刻、佐世保海軍病院に入院を命じられた。

血気盛んな青年士官にとって、この時局に艦をおりることは、筆舌に尽し難い苦しみであったろう。しかもこの間、日本海の戦闘は、熾烈を極めていた。

漢那の同期、海兵二十七期生も、すでに十余名が戦死していた。このクラスは日露戦争においてほとんどが戦闘部隊の指揮官を命じられていたのである。とくに、旅順港閉塞作戦中に散華した糸山貞次大尉は、漢那と肝胆相照らす中で、下宿をともにしていた。

隔離病棟で過す漢那の心痛は、察するに余りある。しかし同期の奮戦は報われ、ついにロシア太平洋艦隊は潰滅した。

漢那は、佐世保海軍病院で過すこと約四十日、ようやく乗艦を許され、明治三十八年一月二日、巡洋艦「音羽」（三〇〇〇トン）航海長を命じられた。

「音羽」は、出羽重遠中将（後大将）指揮する第三戦隊に属していた。そしてこのころ我が連合艦隊は、きたるべきバルチック艦隊との決戦に備えて、連日連夜、猛訓練をくりかえしていた。

五月二十七日午前二時四十五分、九州西方海上、哨戒艦「信濃丸」（六三八八トン）より、ついにバルチック艦隊発見の報が、我が連合艦隊司令部へ届いた。もし我が海軍がこの決戦に敗れることがあれば、日本の滅亡は火を見るより明らかである。

東郷平八郎司令長官（参謀長加藤友三郎少将）は、ただちに全艦艇に出動を下令し、旗艦「三笠」艦上にZ旗が翻った。

「皇国の興廃、この一戦にあり、各員、一層奮励努力せよ」

旗の意味は、こうである。

連合艦隊将兵は勇みたった。

午後一時五十分、ついに、大海戦が展開される。

このとき「音羽」は第三戦隊の三番艦として、敵艦隊旗艦「スウォーロフ」の進路前方に進出した。

そして十二時間にわたる壮絶な戦闘ののち、我が連合艦隊に勝利の女神はほほえんだ。我が方の損害、僅か水雷艇三隻。敵は全滅に近い打撃を受けた。世界海戦史上、空前絶後の大勝利である。

「音羽」も多数の至近弾を受けたが、損傷は奇跡的に少なかった。軍艦「日進」（一四六八トン）など、直撃弾数発を受け、当時、候補生としてこれに乗艦していた山本五十六は、右手の指三本を失い、右太ももの肉をえぐりとられるという重傷を負っており、彼がこれ以上の損傷を受けていれば、軍規により軍人の身分を失っていたのである。

このとき、冷静沈着かつ果断に艦長（有馬良橘《りょうきょう》大佐）を補佐した漢那航海長は、全乗員の注目と敬慕を一身に集めた。

沖縄移民の歓声

「日本海軍圧勝！」

このニュースは、全世界をかけめぐった。各国とも、当初は「誤報ではないか」と首をかしげていた。それだけ近代において、有色人種が白人に勝ったという事件は、大変な波紋を生むことになった。とくに白人列強の殖民地下であえいでいたアジア、アフリカの民衆は感激した。

「有色人種でもやればできる」

殖民地の各地域で、この言葉がかわされるようになった。

インドのネールが、独立運動を思いたったのもこのときである。当時彼は十五、六歳であった。

またアジア各地の青年たちが、日本への留学を希望するようになってきた。東京では、在日清国人留学生が「清国革命同盟会」を結成した。その主旨は、「日本の明治維新にならって、支那民族を覚醒す」というものであった。

漢那は、日露戦争の戦功によって、功五級金鵄《きんし》勲章と年金三百円、さらに勲五等双光旭日章を受けた。漢那は、この大半を母オトに送金した。

このころ全国各地で凱旋祝賀会が開かれ、出征軍人たちは歓呼の声に迎えられていた。しかし漢那は、故糸山大尉の墓前を訪れ、ひっそり語りかけていたのである。

明治三十九年（一九〇六）、二十九歳の漢那は海軍大学校乙種学生になった。

ここで海軍士官の教育システムについてふれよう。

当時の海軍には、兵学校、海軍大学校乙種、専修科、海軍大学校甲種という教育コースがあった。そしてこれらは兵学校をのぞき、すべて東京目黒の海軍大学校校内におかれていた。兵学校の教育は、あくまでも士官になるための基礎教育である。しかし、彼らが大尉に昇進したころ、選抜試験を受け、約八〇パーセント《パーセント》のものが、海大乙種課程へと進む。ここでは、一般教養、とくに高等数学が教授された。これを終えると次は専修科へ進む。

専修科は、航海、砲術、水雷などの各分野にわかれていて、彼らはそれぞれの専門に分科されて、高等技術の習得をめざした。

海大甲種学生は、海軍の最高学府といわれるもので、競争率は極めて高かった。詳細は次章、「琉球王女との結婚」で述べる。

ところで日露戦争後の国際情勢はどうであったか。

日本国民が凱旋の美酒に酔いしれているころ、米国では排日運動が生起していた。明治三十九年、サンフランシスコで発生した地震で住居を失った日本移民が、白人居住地へ移ったところ、学校当局によって日本人学童が隔離されてしまった。

これは、ロシアに代って満州方面の資源地帯を確保しつつあった日本が軍事大国のみならず経済大国に成長することへの警戒心が露呈したのである。

日露戦争の戦費十七億円のうち、八億円は米英の外債で賄われた。そのためもあって、米国は満州の共同経営を申しこんできたが、我が国はこれを謝絶した。

一方、我が国民はそのような日露戦争の真実を知らなかった。ただ、超大国に勝ったという自信だけが残った。

日露戦争の実相は、我が国はあれ以上戦える国力を持っていなかった。ただロシアの艦隊が全滅したことと、ロシア国内に革命騒ぎが起こったことにより、その継戦意志が欠け、そこを米国大統領に調停されたのである。

講和を果した小《こ》村寿太《むらじゅた》郎《ろう》外務大臣が帰国したとき、実相を知らない国民大衆は、「獲得領土少なし」と、小村邸を襲撃し、府内各地でデモをくりかえした。

一方米国では、日本人学童が各学校で優等な成績を示しており、日本人へのライバル心が一段と高まっていた。日本人を軽蔑した言葉、「ジャップ」も、実にこのころからはじまっているのである。

しかし、日露戦争に勝利した我が国は、開国以来、僅か三十七年で世界五大強国の一つになり、ペリー来航以来、押し付けられていた不平等条約も、この前後にすべて改正された。

明治四十年（一九〇七）、海大乙種課程を卒業した漢那は、海大航海術専修課程へと進んだ。当時の海大教官には、鈴木貫太郎大佐（当時）や、帝国海軍に米国流のロジスティックスを導入した秋山真之《さねゆき》中佐（後中将）がいた。

漢那は、間もなく、第一期航海術専修課程を首席で卒業、恩賜の銀時計を下賜された。同時に、兵学校教官兼監事を命じられた。そして翌々年の明治四十二年、練習艦隊旗艦「宗谷」航海長兼指導教官として、海兵三十六期生徒を指導して、米国、カナダ方面へ航海している。

ところで、海兵教官として赴任した漢那は、海兵三十五期以降の生徒を教えている。その主な顔ぶれをここにあげておこう。ほとんどが歴史に残る人物である。なお、当時の兵学校校長は、島村速雄少将（後元師、海軍軍令部長）であった。

島津忠重　旧薩摩藩主長男、後少将（三十五期）
佐藤市郎　故佐藤栄作元総理の長兄、後中将、呉鎮守府司令長官（三十六期）
南雲忠一　後大将、中部太平洋艦隊司令長官（三十六期）
井上成美　後大将、海軍兵学校校長、海軍次官（三十七期）
小沢治三郎　後中将、日本海軍最後の連合艦隊司令長官（三十七期）
栗田健男　後中将、第二艦隊司令長官（三十八期）

明治四十二年の練習艦隊は、伊地知彦次郎中将を司令官として、「宗谷」「阿蘇」の二艦をもって編成された。このころ日本海軍艦隊はまさに威風堂々としていた。

練習艦隊がハワイ、北米、カナダに入港すると、日本移民たちは熱狂して彼らを迎えた。そして移民たちは、それぞれの出身県別に集り、その出身地の士官や候補生を歓迎していたのである。ただ沖縄移民だけが淋しい思いにかられていたのだが、そこへ県出身の、しかもエリートの海軍士官が、さっそうと登場したのである。

沖縄出身移民は歓喜した。彼らの中には標準語が話せず、日本人社会に融合できない者もいたが、漢那大尉の来航でそれが一挙に解決した。

琉球王女との結婚

かつて薩摩海軍といわれていた帝国海軍も、このころになると、他府県出身者が進出しはじめていた。しかしまだまだ彼らの力は無視するわけにはいかなかった。ここに、それを示す一文がある。

「明治末期、軍艦『薩摩』（注・国産第一号戦艦）が鹿児島に入港した。司令官は上村彦之丞大将、艦長は上村経吉大佐、共に鹿児島出身であった。（中略）司令官室に忠重さん（島津忠重）から寄贈された旧藩時代の薩摩の軍艦『春日丸』の銀製のものが飾られており、その後壁には鹿児島市寄贈の城山から見た桜島及び鹿児島の油絵があった。当時の名画家鹿児島出身の和田英作画伯の作であった」（『しらゆき』忠重さんの思い出）

大正元年（一九一二）、皇太子殿下（昭和天皇）は、初めて海軍兵学校を訪問された。このとき殿下が御乗りになったのが、この軍艦「薩摩」であった。

このように、鹿児島出身の海軍士官の鼻息はなお荒かった。漢那も頻繁に県人会への入会をすすめられていたのである。中には、「出世の早道」と、公然と勧める上司もいたという。

しかし、漢那は拒絶した。

「私は、沖縄県出身であります」

堂々とした返答に、薩摩人種は良くも悪くも受けとった。

伊藤金次郎は、その著『軍人わしが国さ』において、この漢那を次のように評している。

「漢那は、必ずしも大勢に順応せず、自ら持すところ高かったものと見え、部内行進中、決して薩摩海軍に合流しなかった。琉球の政界も官界も財界も、概ね薩摩大藩に依存し、（中略）

漢那はどういうものか、多分、彼の潔癖性の致すところであろうか、決して低頭拝跪《はいき》しなかった。彼の薩摩嫌いは勢い他の武将に接近した」

約六カ月の遠洋航海を終えた漢那は、三十二歳で海軍少佐に昇進、海軍大学校甲種学生に合格した。

ここで、海軍大学校甲種課程にふれておこう。

海軍大学校とは、イメージとしてこの甲種課程のことを言うのである。

合格率は、各期一六パーセントぐらいという難関で、海兵、海大乙種、専修科と歩んできたエリート士官が、最後にふるいにかけられるところであった。

ちなみにこの課程は、明治三十年、西郷従道海軍大臣の時代に創設されたもので、高級指揮官を養成するため、高度な学術、知識、技能などを教授する所であった（これに比べ、陸軍大学校の教育は参謀養成に主眼をおいていた）。

この海大の教育方法は、リベラルなことで定評があった。ファシズム化が進む昭和初期でも、ここでは天皇制について論議が展開されていた。また大東亜戦争中、講師の東大教授が、「ここだけは、ものが自由に言える」と前置きし、マルクスの「資本論」について奔放な論説を行い、物議をかもしたこともあった。

漢那が海大に学んだころの文官教官を見てみよう。

国際法　有賀長雄博士

海洋法　松波仁一郎博士

世界史　箕作元八《みつくりげんぱち》博士

当時の、日本の頭脳である。その他、各界の指導的地位にいた人々を招聘して講義を行わせていた。

漢那が後年、政界でその見識をもって敬意を払われたのも、このような海軍独特の高等教育があったからであろう。

陸海軍士官は、すでにこのころ、国家最高のエリートであった。とくに、スマートな海軍士官は少年の憧れのまとであった。また、良家の子女たちが結婚相手に選ぶにも、海軍士官が多かった。

そこで海軍は、伴侶予定者の気品、教養、家柄、すべてを調査した。とくに家柄については、憲兵が三親等まで調査したのである。そして海軍大臣が許可をして初めて、「婚姻」が許された。

漢那のもとにも、縁談は多数舞いこんだ。海軍の各課程を優等で歩んできた漢那にとって、「沖縄」という出身地にこだわることもなかった。

ところが漢那は、「伴侶は沖縄の女性」と、当初から決めていたようである。というのは、沖縄の生活風習と本土のそれは、異なる点が少なくない。母思いの漢那にとっては当然の思いであったろう。

そこにおこったのが、尚政子《しょうまさこ》との縁談であった。

尚政子は、沖縄最後の王、尚泰《しょうたい》侯爵の五女として、明治二十五年（一八九二）に生れ、沖縄の女学校から学習院に進んだ、才色兼備の沖縄女性であった。そして、「景教」研究の第一人者といわれた早稲田大学教授、佐伯好郎に私淑していた。また、学習院女学部の卒業時には、成績優等をもって皇后陛下の前で卒業御進講をしたこともあった（皇后陛下の御前で書などを読むこと）。

漢那は快諾した。

明治四十三年（一九一〇）二月九日、漢那は華燭の典をあげた。漢那三十三歳、政子十八歳であった。このニュースが沖縄に伝わると、老若男女は歓喜した。

旧藩の階級意識が根強く残っている沖縄で、貧乏下級士族の青年が立身出世して王女をめとったからである。もちろん、那覇の士族が琉球王の王女をもらったのは、漢那が最初であった。そして漢那の母は、沖縄婦人たちから「黄金腹《ウーグンワタ》」と羨まれたものである。

ハネムーンは、いつの時代でも楽しいものである。漢那も、東京小石川の借家で新婚生活を過した。ところが母オトをよんで同居させたのが悪かった。

気丈なオトは、この王女を「政子!」と呼びすてにし、新婚ムードを次々と破壊するのである。妹の八重子が尚家家扶の神山政良《かみやませいりよう》（東京帝大卒、オックスフォード大学留学）に嫁ぎ、「王女」として奉られたのとは実に対照的な思いをしたことであろう。

さすがの漢那も半年で観念した。

そこで漢那は、二人をいったん沖縄に帰した。そして、義兄玉城尚秀に頼んで、政子だけを東京に呼びもどしたのである。

夫人尚政子は、昭和五十二年（一九七七）、八十五歳で逝去したが、良家の子女らしく、いたわりのある女性であった。

航海術の権威

第一次大戦下の欧米視察

大正三年（一九一四）四月十六日、反薩長勢力の雄、大隈重信に、組閣の大命が降下した。

そこで大隈は、海軍大臣に愛知県出身の八代六郎海軍中将（後大将、海兵八期）を起用した。

八代は、艦長時代から漢那に目をかけており、その実直な人柄を愛するかたわら、沖縄の風物に好感をもっていた。

八代が艦隊勤務をしていたころ、盛んに沖縄に寄港して、泡盛の酒宴を開いていた。また空手に興味をもち、自ら稽古するかたわら、部下にもその修業を奨励していたのである。しかし海軍軍令部長島村速雄大将（海兵七期、高知県出身）も八代に負けず劣らずの沖縄ファンで、琉球古典にまで通じていた。

しかもこのころ、海軍士官には沖縄ファンが多く、盛んに沖縄に寄港しては、琉球料理に舌つづみをうっていたのである。この琉球料理はペリー提督も絶賛したというもので、下士官兵も沖縄寄港を一つの楽しみとしていた。

この年、三十七歳になった漢那は、海軍軍令部参謀兼海軍大学校教官に任じられ、間もなく中佐に進級した。

漢那は海大教官として、海大甲種学生十四期から十五期を教えることになった。このクラスは、大東亜戦争で指導的役割を演じたクラスである。その中には、後に連合艦隊司令長官となった二人の俊秀がいた。山本五十六少佐（当時）、古賀峰一大尉（当時、戦死後元帥）である。

ここで眼を海外に転じよう。

極東で日本に撃退されたロシアは、イラン、アフガニスタン方面に進出しようとして、今度は英国に阻止された。そこで彼らは、バルカン方面（ユーゴスラビア、ブルガリア、ギリシャ）への進出を図ったのである。ここでは、ドイツ、イタリアと対立してしまった。

そもそもドイツ、イタリアは、近代国家の建設に後れをとっていたため、その発展段階で英、仏、露の三大先進国と対立を余儀なくされていたのである。

こうしてヨーロッパ方面では、ドイツ、イタリア、オーストリアの新興勢力と、英、仏、露の三大勢力が同盟を締結して対峙するようになってきた。

大正三年、一触即発の状態の中で、サラエボ旅行中のオーストリア皇太子夫妻が暗殺され、七月、第一次大戦が勃発した。

僅か数発の弾丸によって発生した大戦は、やがて民間人をまきこみ、数千万の死者を出すことになる。

我が国は、ここで日英同盟をもって、ドイツ、イタリア、オーストリアの三国に宣戦を布告した。そして艦隊を欧州に派遣するとともに、中国や南洋群島にあるドイツの支配地域を占領したのである。

しかし開戦後間もなく、イタリアは三国同盟から脱落し、また、ロシアは革命が発生したため、ドイツに単独講和を請うことになった。

ところがここで、大戦の帰趨を左右する重大な事件が起こった。

米国の参戦である。当初、中立を明言していた米国は、ドイツ潜水艦によって彼らの船舶が撃沈され、多数の米国人死傷者を出したことで、国民が激怒した。

加えて、ドイツでは革命が発生した。

こうしてドイツの戦力は消滅し、大正七年（一九一八）十一月、ドイツは連合国に降服し、第一次大戦は終了した。

この大戦では、初めて潜水艦や航空機、戦車という近代兵器が登場した。

対戦中、我が国は連合国側からの船団護衛を要請され、インド洋、地中海、南アフリカ方面に艦隊を派遣した。とくに、地中海における我が艦隊の活躍はめざましく、船団護衛回数三百五十回、連合国商船七百八十七隻、乗組員七十五万人を護送した。

彼らは、連合国海軍の中でも、とくに我が海軍に信頼をよせており、地中海を渡る英国人婦女子たちまでも、日本海軍艦艇による護衛を望んだという。このとき各駆逐隊司令として活躍したのが、漢那のクラス海兵二十七期生であった。しかし、我が方も、ドイツ潜水艦の攻撃を受け、艦艇二隻と将兵七十三名を失っている。


漢那家では、大正四年（一九一五）、長女幸子が誕生した。しかし、のどかな家庭生活を送ったのも束の間、翌五年五月、漢那は大戦下の欧米視察を命じられた。そして約十一カ月を費やして、ロシア、スウェーデン、イギリス、フランス、イタリア、スイス、アメリカの七カ国を視察した。その帰途に漢那は、カリフォルニアで西銘五郎に二十年ぶりに再会、旧交を温めている。

大正六年（一九一七）十二月、帰国間もない漢那に今度は人事局の電報が届いた。「第一特務艦隊旗艦『対馬』艦長ヲ命ズ」である。

当時、第一特務艦隊は、南アフリカ、ケープタウンに進出しており、連合軍の船団護衛の任務に就いていた。漢那はただちに商船で同地に赴任した。

しかし、この海域はいたって平穏であった。そして大戦が終了したこともあって、大正七年十二月、艦隊は無事帰国した。

大正七年十二月一日、漢那は四十一歳で大佐に昇進、軍令部第二班四課長、海戦要務令改正委員に任じられた。漢那は、海兵同期生中、先頭をひた走りに走っていたのである。

次の一文は、大正六年六月、欧米視察を終えた漢那が、母校の県立一中で講演したものである。

なお、このとき在校生の中には、渡名喜守定《となきしゆてい》（後海軍大佐）や親泊朝省《おやどまりちようせい》（後陸軍大佐）がいた。

「私は昨年の六月に欧州巡視の途に就き朝鮮満州を通ってハルピンに着きました。此所からシベリア鉄道に乗ってペトログラードに着きました。ここは元はセントピータースブルグといっておりましたが、之はドイツ名の様であるからと言うので、最近になってペトログラードと改名したのであります。

而し、この一事を以ても露国人《ロシア》がいかにドイツに対して敵愾心を持っているかということが分るのであります。（中略）

露国に於て今一つ面白く思ったのは、国は大きいが財政が豊富でないということでありました。今度の戦争の為に紙幣を発行しています。
而も、それが一銭二銭という紙幣であるのです。また郵便切手も紙幣として通用している
のであります。而して金貨などは到底見られないのであります。
次に英国人の愛国心について述べます。愛国心は我国の専売特許の様に思われて居ります
が、彼らも愛国心が甚だ盛んであります。
例えば英国においては壮丁《そうてい》（成年に達した男子）の大部分が出征し、後に残っているのは
熟練な職工と老少の者のみであります。
それ等は平常は各自の職業に従事し、土曜から日曜にかけては自由を与えられているので
あります。併し、彼らは、その間を利用して団体を組織して教練をやるのです。腰から上は
種々、まちまちでありますが腰から下、即ち足の揃うことは到底諸君の及ぶ所ではありませ
ん。
どうしてそんなによく揃うかと申しますと、彼らは幼い時から二人以上歩む時には勉めて
足を揃えようとしているからであります。尚熱心な人になると、自ら軍服を作らせて、之を
着て教練をやっているのであります。
次に、女の方はと申しますと、彼女らは手旗信号の練習をやっているのです。老若男女を
問わず自由に遊んでよい日曜に、而も、今は忙しく毎日十時間乃至は十二時間ずつ働いてお
りますから自由に与えられた土曜、日曜を暮したいのは山々であろうけれども、遊ばずに以
上申した様なことをしているのは、愛国心がなければ到底、出来ないことであります。

私がロンドンにいるときに、三度、ドイツのツェッペリン飛行船がロンドンを襲撃しました。この損害は軍事上に於ては甚だ微々たるもので、寧ろ英国の人心を沸騰させるために応用されているのであります。

また、たとい爆撃があった所で建物が堅固だから三階建等になると爆弾が下まで届かないから安全でありますそうでありますが、若し此の空中からの攻撃を日本の様な木造家屋が受けたとしたら非常に研究に値する問題であります。

次はパリに於いての話であります。私がパリで夕食をするためにある料理屋に行きました。ところが、そこに軍服を着ている給仕がおりましたので、不思議に思ってその兵士に、『君何故に給仕が軍服を着ているか』と問うと、彼は何々方面の守備兵であるが、今休暇で帰っているから自分が初めてやっていた給仕の職をやっていると申しました。

僅かに二週間の休暇を休養するために費やさないで働くという事は、いかに彼らが労働が尊いという観念が強いかという事が分るでしょう。仮にこの休暇が日本人に与えられたとしたら必ず遊んで過すに相違ありません。

次はこの戦時に於ける休暇の話を致します。

出征軍人に休暇を許すという事は、我らにはオカシク感ぜられるでしょう。出征軍人に休暇を与える事は、日露戦争当時には無かったのであります。

しかし、今度、露仏等へ行って見ると一年に何回と言って兵士に休暇を与えています。それで、日本でも二、三年も戦争が続いたら、この休暇制度が行われるでしょう。

この給仕の兵士の外に休暇を利用しているのは沢山ありました。理髪屋をやっているのもあれば、自動車の運転手をしているのもいました。また彼らは、戦時のために平時の娯楽を廃しないのであります。

芝居も盛んであれば、寄席も盛んであります。そうであるから休暇を利用して帰って来た兵士は之等の歓楽に酔うて徴兵忌避者等が沢山出そうであるけれども決して出ないのであります。之等が日本人の大いに学ぶべき点でありました。

アメリカでは、一時、軍港や工場等を見せておりましたが、戦争になって以来、絶対に見せぬ事になったのであります。特に、日本人に対しては警戒しないでもないのであります。また、ちょうど私が行った時は大統領が徴兵令を布いていました。

元来、アメリカという国は自由圏で、徴兵令なんかとても布けそうじゃないけれども、今は、この徴兵令が両院を通過して、いよいよ行われる様になったのであります。

そこで、日本人たる者は、この点を知って米国人にかからねばなりません、私がいたときは、米国内に出兵論について未だ、色々ありましたが、英仏の要人が来て極く少数でも出兵させたら合軍の士気が上るからと頼んでおりました……」

落馬する大正天皇

明治三十八年、東京で結成された清国革命同盟会は、六年にわたる苦闘の後、清朝を倒して中華民国を誕生させた。

ところが中国軍閥の巨頭、袁世凱《えんせいがい》は外国勢力と結んで臨時大総統の孫文《そんぶん》を追放し、自ら政権の座についたのである。しかしこの袁の政権も長くなかった。

そして中国は、これを境に政権争奪と列強の介入という動乱期に突入していく。

これに比べ、我が国は、維新以来、西南の役などのクーデターは起こったものの、中国大陸のような内乱に発展することはなかった。

ここにおいて、世界の史家は、この原因を天皇制にあったと結論している。そしてあの熾烈な維新のエネルギーも、

「天皇のため」

という精神の下に収斂されていった。

また西南の役も、その矛先は当時の政府に向けられたものであって、決して天皇御自身に向けられたものではなかった。

ところで我が国では、大和・奈良時代を除き、天皇は実権をもたない象徴的な存在であった。一方、幕府は皇室の弱体化を謀った。

皇族に血族結婚を繰り返させたり、宮中に女官を多く配した。このためか、明治天皇の兄、姉、妹も、幼少のころにすでに病没されている。しかし明治天皇は、実に強靭な体力と能力をもっておられた。

それは明治天皇の養育係、中山忠能《ただやす》が幕末の乱世を見て強いリーダーの必要を痛感し、幼い天皇を体育第一主義で鍛えあげたからである。さらに天皇の教育係に任じられた西郷隆盛、

由利公正《きみまさ》、福岡孝悌《たかちか》、山岡鉄太郎らが天皇に実利的な近代教育を施した。

由利公正は、アメリカ式の民主主義に影響され、「民本主義」を唱えていたことで有名である。それまでの皇室教育は、女性的な文芸教育が主だった。

また明治天皇は二十七歳のとき、来日した元米国大統領グラント将軍から、議会政治や通商貿易、外債、そして領土問題について親しく教えを受けられた。要するに天皇は、新しい教育を受けられていたわけである。そして天皇は明治改元にあたって、宮中女官たちの反対をおして自ら散髪洋装された。まさに、国民に範をたれたのである。

さらに西郷ら武人に鍛えられた天皇は、自ら馬をあやつり陸軍演習を統監された。そのとき天皇の体力には、青年将校さえ遠くおよばなかったという。

天皇はまた、社会主義的な思想に興味を持っておられた。かの幸徳秋水をして、

「明治天皇こそ、日本の代表的社会主義者である」

と、言わしめたぐらいである。

天皇は、陸軍演習を統監される合間、御一人で気軽に茶屋に入られたり、兵卒に声をかけられていた。そして国民は、この若くたくましい天皇に憧憬した。

日本の明治とは、この天皇の下に、政府、陸海軍が協調した輝かしい時代でもあった。そして、整々とした我が陸海軍軍人は、欧米諸国から、「武士道の発露」として高い敬意を払われていた。

明治四十五年（一九一二）七月、明治天皇は、長い闘病生活の後、崩御された。日露戦争という国家存亡の国難で、心身を疲労されていたためである。また、元勲たちも年には勝てず、次々に世を去っていった。

日本の歴史は変わりつつあった。

天皇が崩御して約五カ月後、ここに驚くべき事件が発生した。

ときの西園寺内閣が陸軍の策動によって倒れたのである。次に組閣した陸軍大将桂太郎（長州閥）は、海軍と激しく対立した。

このとき海軍は、桂の組閣に反対して海相を選任しなかった。ところが桂は、大正天皇の詔勅を出して、海軍から強引に海相を出させたのである。

こうした桂の強引さには、政界もいっせいに反発した。政友会の尾崎行雄による、「玉座の蔭に隠れて政敵を狙撃する」という桂首相弾劾の演説が行われたのもこのときである（第一次護憲運動）。

残念ながら、大正天皇は蒲柳《ほりゅう》の質であられた。

一方、大正三年（一九一四）に始まった第一次世界大戦は、我が国に好況をもたらした。欧州諸国は、国土が戦火にまきこまれたため、工業製品の生産を日、米両国に発注してきたのである。また彼らの物資で賄われていた植民地諸国にも、日米製品の需要が生じていた。

この結果、国内ではインフレが起り、貧富の差が増大しつつあった。

外交上も、我が国は転機を迎えつつあった。米国が我が国に敵愾心を持ち始めたからである。特に我が国が、第一次大戦勝利の報償として、南洋群島や中国山東半島の旧ドイツ領を領有したことが決定打となっていた。

大正十一年（一九二二）、米国は日本人の帰化禁止を宣言した。また、明治三十七年（一九〇四）、すでに米国は陸軍参謀総長の提案により、対日戦争計画に着手している。

我が国も、明治四十年、帝国国防方針を決定、米国を仮想敵国と規定したが、いずれも秘密のベールの中のことであった。

皇太子御渡欧と御召艦艦長

貞明皇后（大正天皇皇后）は、かねてから裕仁親王（後昭和天皇）の妃候補として、久邇《くにの》宮良子《みやながこ》女王に目をかけておられた。当時、学習院女学部に学ばれていた良子女王は、女子生徒の中でもっとも気品が高く、将来の皇后として申し分のない人格を備えておられたのである。

しかし良子女王は、旧薩摩藩主、島津忠義の孫にあたる。長州出身者が快く思うはずがない。早速、長州閥のボス山県有朋は、女王の血統に色覚障害の因子があることを理由に反対運動を開始した。

この騒ぎは間もなく政界に飛び火し、薩長両派の対立にまで発展した。さらにこれに右翼の巨頭、頭山満《とうやまみつる》が加わったため、騒ぎは一層拡大したのである。

これが有名な宮中某重大事件である。大正九年であった。

このとき、皇太子を御外遊させようという計画が明るみに出てきた。この計画は、二年前から予定されていた。これをもっとも強く主張したのが原敬《はらたかし》首相である。原はかねて、皇太子殿下に国際性を身につけさせる必要を貞明皇后に上申していたのである。また原は、第一次大戦後、復興を急ぐ欧州先進国の国情も、皇太子の向学に役に立つと付言した。

それというのも、皇太子が病身の天皇に代って外国要人の接待をなされていたが、そのテーブルマナーなどのたしなみが不十分であることに首相は気付いていたからである。ところが、硬直化した宮中制度では、皇太子にこのような教育をすることができなかった。原はこれまでの首相とちがって爵位がなく、国民から「平民宰相」とよばれ親しまれていた。

原首相の熱意に皇后は納得された。海軍やリベラルな官僚の間でも、皇太子の御外遊を支持する声が高まった。従って、この計画は予定より早く実施されることになった。

ところが、ここに反対運動がおこった。

一、大正天皇がいつ亡くなられるかもしれない状況下で、皇太子が外国へ出られるということは、道徳上、好ましくない。

二、皇太子を外遊させておいて、皇太子妃問題に決着をつけようとする長州閥の陰謀があるのではないか。

三、朝鮮人の対日テロが顕在化しているため、皇太子が外遊先でテロに遭う危険性が大である。

というのがその主な理由だった。マスコミもまた、皇太子の御外遊自体が白人のもの笑いになるとして反対した。

加えて宮中某重大事件の際、反山県で結束した右翼壮士が、今度は外遊反対の方にまわった。しかも、国内世論も反対意見の方が強かった。中には、大挙、白旗をかかげて明治神宮に詣でて、外遊反対の祈願をしたり、政府に押しかけて反対陳情するといった事件が多発した。

さらに、「東海道線の線路に横臥して、御召列車を止める」といった過激派も出てきた。

しかし、貞明皇后の理解と原首相の信念、そして加藤友三郎海軍大臣（後総理、元帥）のリーダーシップが効を奏した。

大正十年二月十五日、皇太子の欧州御外遊が正式決定された。

加藤海相は同時に、山梨勝之進大佐（当時海軍省軍務局第一課長）に航路の選定と日程の立案を命じた。この訓令に基づき、英国製巡洋艦「香取」「鹿島」（いずれも一万六〇〇〇㌧）の二隻をもって第三艦隊を編成し、「香取」を御召艦に指定した。

出港は、三月三日と決定された。

ところがここに新たな問題が生じた。海軍艦艇に搭載される火薬が、自然発火する事件が頻発していたのである。

この下瀬火薬は、日露戦争を目前にした帝国海軍が独自に開発したもので、日本海海戦勝利のきっかけともなったものである。しかしこの爆薬の主成分であるピクリン酸は、自然発火しやすいという欠点があった。その威力は凄まじく、大艦を瞬時に海底に葬ってしまうのである。

東宮大夫の浜尾新は、そこで、

「危険な火薬を降ろさなければ、商船で外遊したい」

とまで言いだした。

加藤海相は、これを一蹴した。火薬を積まない軍艦は、前代未聞である。しかし海相は、万一をおもんぱかって、次の対策を命じた。

「航海中の『香取』に、毎日、弾火薬庫内の諸情況を報告させるとともに、呉火薬試験所に、それと同一条件にした模擬火薬庫を設定する。そして、異状発生の兆候が見えはじめたら、ただちに艦隊に信号を発して、搭載火薬を海中に投棄させる」

ちなみに艦隊は、スエズ近海に達したとき、秘かに火薬を海中に投棄している。その結果、艦隊は〝丸腰〟のまま、ヨーロッパを航行することになった。しかし帰路、アデン湾沖航海中の彼らに、「付近海面で日本船『シャム丸』（八〇〇〇トン）が座礁、土民の襲撃を受ける危険がある」という救助要請の電報が入ってきた。

彼らはそこで〝竹光〟の刀をかざしながら、やっとの思いで「シャム丸」乗員を救助したという。

次に海軍が重視したのが、艦隊のスタッフである。司令長官には、外国勤務の経験が長い

小栗孝三郎中将（海兵十五期、後大将、石川県出身）、参謀長に航海専門の田口久盛少将（海兵二十一期）、御召艦「香取」艦長に漢那憲和大佐（海兵二十七期）、供奉艦艦長に小山武大佐（海兵二十六期）が決定した。

漢那を抜擢したのは、東郷平八郎元帥であった。大正三年（一九一四）四月、皇太子十二歳のとき、軍事を含む帝王学を学ばせるために東宮御学問所が開設された。東郷はその際、総裁に就任している。

政府は随員を決定した。次はその主な顔ぶれである。

主席随員　閑院宮載仁《かんいんのみやことひと》親王殿下
供奉長　珍田捨巳《ちんだすてみ》伯爵
東宮武官長　奈良武次陸軍中将
東宮侍従長　入江為守子爵
東宮武官　及川古志郎海軍中佐
御用掛　山本信次郎海軍大佐
侍医頭　三浦謹之助

珍田伯爵は、長年、超大国英国（当時）の大使を務めていた。

一方、山本（海兵二十六期）は仏、英二か国語が堪能であった。大正三年、イタリア大使館付海軍武官を皮切りに約四年間、欧州で活動しており、バチカンをはじめ多くの人脈を築いていた。ちなみに当時、外交官の用語はフランス語であった。

かねて内示を受けていた漢那（当時四十五歳）は、半信半疑のうち往復航路の海洋特性、寄港地の情況、航路日程など調査研究していた。当時、漢那大佐の操艦術は群をぬいており、瀬戸内海や狭水道の航行でも右に出る者はなかった。

薩摩出身軍人たちは、「琉球出身者が御召艦艦長か」と臍《ほぞ》をかんだ。

首里城の皇太子

皇太子の御外遊というのは、勿論、日本歴史史上初めてである。しかし、大正天皇の御病状は、悪化の一途をたどるばかりであった。

漢那は、御召艦艦長という海軍士官最高の名誉をかみしめると同時に、その重責をひしひしと感じていた。しかし漢那は、この機会になんとか殿下に沖縄に御立ち寄りいただきたいと考えた。

ところが海軍や政府は、朝鮮や中国の反日運動激化に伴い、アジア地域の航路の選定については とくに慎重を期していたのである。

「沖縄にとって、この機会を逃せば、恐らく殿下の沖縄御上陸を願える日はないだろう」

こう考えた漢那は、艦隊の沖縄寄港を強く具申することにした。そして、貞明皇后や皇族が沖縄寄港を支持するようになるのである。

このいきさつを漢那は、著書に次のように述べている。

「大正十年一月下旬、艦隊司令部の寺島参謀から艦隊航路の選定はその筋より司令長官に一任され、奄美大島、中城湾もまた寄港予定地の候補であると聞いたので、（私は）切に同湾寄港についての尽力を司令長官に懇請した。数日を経て川越沖縄県知事と旧藩主尚昌侯爵に『御召艦があるいは中城湾に寄港するかもしれない』と内報し、尚侯爵には殿下奉迎のため帰省することを勧めた」

「この様にして私の切望、いや沖縄県民の熱意を容れられんことを祈って数日を過したが司令部より何の確報もなく寄港内定取り止めの噂さえ伝わって不安の念はつのるばかりであった」

「二月二十三日、皇后陛下拝謁の際、皇后陛下は司令長官、参謀長及び両艦長にそれぞれ御言葉を賜わった。特に私には御召艦の長としての労をねぎらわれ、『沖縄県出身として御召艦が沖縄に寄港することがあったら、さぜかし欣幸でしよう』という御言葉を賜わった。私は、余りの有難さに『乗員一同、一生懸命御奉公申し上げるように致します』と答え、これ以上感激して声が出なかった。そして別室に退いて休憩していたところ、大森皇后宮大夫が倉皇として来室せられ、『皇后陛下は御召艦が沖縄寄港の予定がないのを残念に思われている』と長官と私に伝達せられた。また、次いで東伏見宮殿下に拝謁したとき、殿下も沖縄寄港の予定がないのをおききになって長官、参謀長、『鹿島』艦長列席の席上で、『漢那困るだろう』との言葉を賜わられた」

「皇后陛下と殿下から、そのような御言葉をいただいていたので、最早、中城湾寄港は九分九厘まで間違いはないと信じたが、突然、翌二十四日、寺島参謀から本件が軍務局の諒解を得たことを内聞した。だが、公式発表ではなかったので、之を関係方面に伝えるわけにはいかなかった」

もう一人、漢那に味方がいた。供奉長の珍田伯爵である。珍田は青森県出身で、藩閥時代に東北の人間として種々、苦しい思いをさせられていた。そして沖縄の立場にも十二分の理解を示していたのである。また長年、英国大使をつとめた珍田は、内外に発言力をもっていた。

二月二十五日、在京の沖縄県人会は、府内本郷の「燕楽軒《えんらくけん》」で漢那の壮行会を行った。太田朝敷（琉球新報社長）、比嘉良篤（三井信託常務）、瀬長良直（三越重役）と、在京の県出身知名士は、ほとんどが集った。

この十日程前の二月十五日、皇太子の御外遊が正式発表された。そのとき御召艦艦長の名前も同時に発表され、沖縄県人は面目を一新していた。

しかし、ここに集った県人はもちろん、御召艦の沖縄寄港の話など知る由もなかった。県人有志の間では、「知念岬《ちねんみさき》に大きなやぐらを作り、御召艦隊の通過時に頂上に松明《たいまつ》をたいて殿下を奉送しよう」

という計画さえ、真剣に立てられていた。

漢那を激励するため、海兵のクラス会や中学の同窓会が府内各所で盛大に行われた。

漢那は、大正十年三月三日を迎えた。御召艦隊出帆の日である。

出発地の横浜港には、「香取」「鹿島」のほか、戦艦「長門」（三万三〇〇〇トン）「扶桑」（二万九〇〇〇トン）を主力とする第一艦隊、そして仏国軍艦「デストレー」が停泊していた。

午前十一時二十五分、皇太子殿下は、文武百官、各国大使による盛大な奉送を受けて、横浜桟橋から「香取」内火艇（エンジン付き艦載ボート）に御乗りになった。そして皇太子旗を掲げた内火艇は航進を開始した。その直前、湾内の艦艇は次々と皇礼砲を発射し、頭上には海軍航空隊の戦闘機が編隊飛行を行った。さらに、奉送の市民は数十万を数えた。

「香取」舷門では、小栗司令官、漢那艦長、艦隊幕僚、軍楽隊、儀仗隊、そして乗員多数が堵列して殿下をお迎えした。そして艦上では、壮行の小宴が開かれ、秩父宮、高松宮両殿下をはじめ、原総理、牧野宮相、加藤海軍大臣、各皇族が参列した。

漢那艦長は、両殿下をはじめ各閣僚からねぎらいの言葉を受け恐縮していた。まさに漢那は、歴史のひのき舞台に立っていたのである。そして宴も終り、御見送りの顔ぶれは、次々と退艦していった。

午前十一時三十分、漢那艦長は、「出港用意」を下令、出港ラッパが港内に鳴り響いた。

いよいよ、艦隊は航進を開始した。

「香取」マストには、皇太子旗がへんぽんと翻り、その後、「鹿島」「デストレー」「長門」「扶桑」と、第一艦隊が従った。そして湾岸では、「万歳」の歓声が大群集の中から湧き上っていた。殿下を奉送する国民の列は、浦賀方面まで途切れることもなく続いていたのである。

当日、「ロンドンタイムズ」の社説は、次のように述べている。

「三月三日は、日本の歴史上最も記念すべき日となるであろう……。日本の皇太子が国外へ出られるのは、これが初めてである。これは、世界最古の皇室の歴史の中で明治維新にも匹敵する出来事である」

三月四日午後二時頃、艦隊は紀州、潮岬沖にさしかかっていた。すると、「香取」電信室に、「海岸には村民や学童が堵列して奉送している」という内容の電報が入ってきた。しかし漢那艦長は、これに感心している程、落ち着いていなかった。沖縄寄港に関して何ら情報がないのである。

漢那は焦燥した。

夕食後、珍田供奉長は漢那に、沖縄寄港に関する諸要件を質問してきた。そこで、これが最後のチャンスと見た漢那は、再三、それを懇請したのである。

供奉長は、漢那の熱意にうたれた。

ただちに彼は、供奉員会議を開催して、「沖縄寄港」を決定し、これを閑院宮殿下に言上した。

これで、殿下の沖縄御上陸は確定した。

同日、午後九時三十分、供奉長はただちに、沖縄県知事に次の電報を発した。

「東宮殿下、六日午前十時、中城湾に御到着、その後、当艦内火艇にて御上陸。汽車にて那覇へ行啓、県庁御立寄後、尚、時間あれば首里に行啓。午後四時、御帰艦予定、汽車、その他特別の設備を要せず、時間割等は貴官に一任す」

この電文を受けた第十四代沖縄県知事の川越壮介は、ただちに県庁官吏、警察幹部を非常呼集、徹夜で奉迎準備にとりかかった。

長さ一三〇メートルという与那原《よなばる》仮桟橋も、必死の突貫工事で、六日明け方、ようやく完成した。これには、女学生たちの手で紅白の布もまかれた。

沖縄は、空前の慶事を迎えようとしていた。

しかし、漢那にとって、もう一つ気がかりなものがあった。「天候」である。二、三月は大気が不安定な上に、錨地の中城湾は太平洋に面していて、もっとも外洋の影響を受けやすい。さらに、御上陸予定地になっている与那原付近は暗礁が多く、内火艇でも着底する恐れがあった。

しかし、三月六日を迎えた漢那は、ほほえんだ。

沖縄近海は天候快晴、風向風速、東より六ノット、やや風がある程度である。

午前九時十分、艦隊は、中城湾津《つ》堅島《けんじま》灯台を右手に見て湾内に進入した。そして両艦は、与那原より五海里の沖合にいっせいに投錨した。錨鎖が艦を離れる時に発する「ガラ、ガラ」という音は湾内を越え、遥か中城（本島中部の地名）の尾根にこだました。

沖縄史上初のお召艦の入港、しかも艦長が地元出身とあって、県民はこの歴史的壮観を一目見ようと湾岸のみか遠く中城の尾根にまで黒山の人垣を形成した。

当時多くの県民は旧薩摩藩にコンプレックスをもっていたが、この光景こそはまさに沖縄の黎明を示すものであった。

艦隊は東の風に吹かれて沖縄本島に正対、艦首の菊の御紋はさんぜんと照り輝いた。各所で「万歳！」の合唱が起こっており、県民はそれだけ興奮し、欣喜していたのである。

間もなく、旧藩主尚昌侯爵、川越県知事、浜田警察部長が機動船で「香取」に到着、殿下に伺候した。その後、司令、供奉長、参謀、それに漢那艦長をまじえて殿下御上陸の打ち合せが行われた。

漢那はこの席で、

「県民に殿下の御顔が見えるように、なるべく人力車を使用されては」

と言上した。

このとき沖縄には、県外出身商人の所有する自動車、T型フォードが、唯一台あったのである。

午前十一時過ぎ、殿下は、「香取」内火艇に乗艇された。そしてこの御召艇を、「鹿島」の二隻の内火艇が先導した。湾内の暗礁を警戒するためである。漢那はさらに万全を期して、伝馬船数隻を桟橋付近に待機させた。

皇太子旗を翻した内火艇が、こうして仮桟橋へ向ったが、案の定、着底する恐れがでてきた。そこで、桟橋前方、約五〇〇米《メートル》で、殿下は伝馬船に御移りなった。

桟橋では、近隣の町村民や児童生徒が奉迎した。

この模様を、二荒芳徳《ふたらよしのり》宮内省書記官、澤田節蔵《せつぞう》外務省書記官（後駐ブラジル大使）らが次のように記している。

「中城湾には県民の努力になった俄作りの桟橋が紅白の布を以って美しく飾られ、朴訥な県民は海岸に群集して殿下の御上陸を奉迎した。殿下は桟橋より与那原駅まで数町の所を徒歩でお成りになった」

「沿道の民衆は道路が狭いので御顔を咫尺《しせき》に拝することができた。中には手を合せて拝むものもあった。厳めしい警戒も目立った歓迎の装飾もなかったけれど恭謙な県民は嘉悦の色を輝かして静粛にお出迎申し上げた」

「寒風がなお吹きすさんでいる都を出たのは数日前であったが此所はのどかで、春色たけなわ、まさに皇化の八紘に輝くものを象徴した景色であった」（『東宮御渡欧記』溝口白羊著。傍点筆者）

殿下は、漢那の先導を受け、与那原駅から鉄道で那覇へ向かわれた。御服装は、海軍少佐の第一種軍装（冬服）で、漢那も海軍大佐の軍装であった。

なお戦後まで、与那原桟橋から同駅までの道路は「漢那ストリート」と呼称され、「皇太子殿下御上陸記念」と書かれた石柱が建立されていたが戦後撤去された（平成三十年三月六日、与那原町によってえびす橋東側護岸に再建された）。

話を戻そう。

那覇駅には、母オトをはじめ、県会議員、町村会議員、在郷軍人、愛国婦人会員、中学生徒、高等女学校生徒らが堵列していた。彼らはみな、御若い殿下と漢那大佐の勇姿に感涙していた。

気丈なオトも、このときだけは感激し、目がしらを押さえていた。

オトは、漢那が御召艦艦長に任じられて以来、毎払暁、波の上宮に詣でて、息子の任務完遂を祈り続けていたのである。

殿下は、那覇駅から県庁へ、人力車で向かわれた。車列の先頭は知事の車、次が漢那の車、そして殿下の御車であった。

沿道にも、県民多数が堵列していた。

「県民らの群がり集まって堵を築きつつ迎え奉る者、数万、殿下御一行の御車は、その中を縫う様に走った」

と、溝口白羊は、『東宮御渡欧記』に記している。

昭和四十三年、私が中学校在校中、当時、小学校女子生徒として殿下ご一行を奉迎した教師がいた。彼女は事あるごとにこの光景について語り、「人生最高の栄えある光景であった」と語っていた。

殿下は県庁で、漢那の母オト、そして有位有勲者に御言葉を賜わった。また、昼食会を催されたり、県庁前庭に御手植え（記念植樹）をされた。

続いて、人力車で首里へ向かわれた。

このときは、旧藩主尚昌侯爵の車を先頭に、漢那の車、そして殿下の御召車が続いた。

近代沖縄にとってこの壮観は、恐らく二つとてなかっただろう。沿道に立つほとんどの県民が感涙し、日本国民としての自覚を痛感して、切れる間もなく奉迎の列が続いていた。

午後一時三十分、尚侯爵邸で一時お休みになった殿下は、首里城に上られた。そのとき正殿前庭（ウナー）で、沖縄師範学校生徒や中学校、農林学校生徒が、空手演武や柔剣道の御前試合を行った。

殿下は、ここで空手に大変興味を示され、御自分でカメラに写された。

殿下は翌年、この空手演武の指揮をとった富名腰《ふなこし》義珍《ぎちん》を宮中に招き、天覧演武を催された。その後、府内各大学に空手研究会が発足する。

余談になるがこれから二十四年後、我国は大東亜戦争に敗れ、ＧＨＱが国内統治に関し絶対権限を振るう。この頃富名腰は東京に居住していた。その富名腰に米軍司令官から空手演武を基地内で披露してほしいという打診を受けた。富名腰は「正式に招待状を出し、将兵が正装で見学するなら応じる」と返答した。司令官は納得し、迎えの運転手にまで正装を着用させるという礼をとった。そこで富名腰は紋付き袴で米軍キャンプに赴き、堂々たる演武をもって並み居る米軍将兵の度肝をぬいた。結果、米軍内に空手愛好者が激増した。この米軍を通して空手は世界へ伝搬して行った。

話を戻そう、首里城につながる沿道には、小学児童多数が奉迎していた。

二荒芳徳《よしのり》伯爵は、

「蛇蜒たる丘陵を縫える街道には、はるばる集れる小学児童の奉迎いと愛らしい」

と記している。

こうして殿下は、なごやかに沖縄を見学された。

当時小学校五年生として奉迎した高原吉用は、教員から「最敬礼！」と号令されたが、わずかに視線をあげて殿下のお顔を見た想い出を昭和六十年（一九八五）に筆者に語っている。

「お顔にニキビがあるのがはっきり見えました」

またこのとき、小学生達は現在の「守礼の門」から城西小学校裏門の間に並び、以下の奉迎歌を合唱している。

我が大君のたかひかる
みつぎの御子は畏くも西欧州を見まさんと
遠き旅路に立ちたもう大正十年三月の桃の節句のそのあした
高輪の御所を出でまして横浜港に着かせられる
海にはお召しの香取艦、供奉の鹿島ともろともに
いつかの夕べに鳴り響くラッパの音も
勇ましく雄々しい姿に身を寄せて
栄えある御子とうたわれる

土佐沖早くもうちすぎて琉球島に着かせらる
首里の城や那覇の町
いずれの昔を語ざらん
(作詞作曲沖縄県立師範学校音楽教師　宮良長包)

午後三時半、一行は帰途へつき、午後五時、帰艦した。そして午後六時、艦隊は長い汽笛を残して出港した。島の彼方には、蛍にも似た光が多数輝いていた。殿下を奉送するため村民たちが手に手に漁火をもっていたのである。

このとき殿下は、なごり惜しそうに後甲板に長くたたずんでおられたという。

漢那はこの日を、著書に次のように記している。

「余は其の青春時代の羨望の的であった帝国海軍の将校として今や郷国の海湾に我が日東帝国の御若い殿下を至上の御召艦、香取を浮べるの好機に遭遇しては、感懐の尽きる所を知らなかった。しかも、其処には余を少年時代よりか弱き女の手しおにおいて育て上げた余の老母が待っていたのである。思えば涙の滂沱たるものがあった」

沖縄寄港の一日前、奄美大島沖で、漢那は殿下から「沖縄には永良部《えらぶ》うなぎというものがあるそうだが、是非、食べてみたい」と言われて驚いた。

とまどった漢那は、高田侍医に意見を求めた。しかし侍医も躊躇していた。そこで漢那は

「県の特産品を差し上げることは、県民の光栄である」と考え、県庁行啓の際、知事にこれを伝えて、永良部うなぎと、その料理法のメモ書きを艦に届けさせていたのである。

沖縄出港後、漢那は後甲板で殿下の運動の御相手をしながら、

「殿下、永良部うなぎを召し上がりましたか」

とお尋ねした。

殿下は即座に、

「うん、食べた。大変おいしかった」

と答えられた。

漢那は早速、

「沖縄県民の赤誠《せきせい》、ここに実を結べり」

という電報を知事に発したのである。

三月七日朝、宮古沖南下中の「香取」甲板に飛魚が三尾飛び上がってきた。これを捕えた漢那が、早速、殿下にお見せしたところ、東宮侍従長、入江為守（昭和天皇侍従長、入江相政の父君）は、次の歌を詠んで、直ちに無電を内地に発した。

幸多きしるしにとてやこの朝明《あさけ》
　魚飛びのぼる香取鹿島に

すると、閣議中の原総理から御祝詞と、高橋是清蔵相から「漁昇る香取鹿島の朝日哉」という句が「香取」に届けられた。さらに野田卯太郎逓相や、元田肇鉄相からも句が届いたのである。

宮中の厳めしいしきたりに束縛されていた十九歳の殿下は、日に日に若者らしい自由と活気を取り戻されつつあった。閑院宮殿下や供奉員が船酔に呻吟しているときでさえ、殿下はデッキゴルフや艦上相撲を楽しんでおられた。

わが船に飛びあがりこし飛魚を
　さきはひとしき海を航《ゆ》きつつ

昭和四十二年、新春御題の天皇陛下のこの御製は、この朝日昇る三月七日、沖縄宮古島沖南下の光景を御回想されたものである。

貞明皇后のご温情

殿下の沖縄御上陸は、県民の意識を変えた。県民に日本人としてのアイデンティティが急速に定着し、皇室と沖縄県民の意識はさらに深厚する。

貞明皇后こそこの主役であられた。

こういう話もある。

昭和二年（一九二七）、日露戦争中、沖縄石垣島在住の青年五人が果した英雄的行為を顕影した一文「遅かりし一時間」が中等国文教科書に掲載された。

昭和五年五月、女子学習院学芸会で、女子生徒が貞明皇太后御臨席の学芸会でこの一文を読み上げたところ、皇太后は痛く感動され、ご下賜金をこの五勇士に下賜された。

このころ、かつての五青年も歳をとっており、最年長の垣花善は既に他界していたが、遺児及び垣花清（当時四十八歳）以下生存者四人に、皇太后の御下賜金をもって羽織袴、鳥子の白扇を下賜された。琉球王国時代、その属領として本島の三倍という重税を課せられていた離島島民にとってこのような皇室の温情は感動を呼んだ。

この英雄談について詳述しよう。

明治三十八年（一九〇五）五月二十四日、日本海海戦の三日前、ロシア・バルチック艦隊が日本海を目指して沖縄宮古島近海を北上していた。これを発見した一隻の民船が直ちに、宮古島島司（現在の県宮古支庁長）に通報した。ところが宮古島には通信施設がない。

当時連合艦隊司令部は、この艦隊の日本到達経路について種々議論されており、この判断が迎撃作戦に大きく影響するものであった。

島司は、宮古島百四十キロ南方にある石垣島通信所への伝令を送るべく有志を募った。このとき志願した五人が垣花善（当時三十歳）以下五人であったのである。

五勇士は、二十六日午前五時、くり舟に乗って南下を開始した。不眠不休で力漕すること二十九時間、二十七日午前九時、ようやく石垣島に到着した五人は、通信所に到達し、所長に島司からの通信文を手渡すや、疲労の限界に達し卒倒するように休息したという。「敵艦見ゆ」の報は、直ちに東郷平八郎連合艦隊司令長官に達せられた。しかしこのとき、哨戒艦「信濃丸」の敵艦隊発見の通報がこれより一時間早かった。

昭和十年三月三十一日、帝国海軍は、このとき使用されたくり舟を買い上げ、「沖縄県民の武勇」を国民に知らしめるべく海軍館に陳列した。また海軍記念日には、日本橋の三越に展示して、広く国民に沖縄県民の赤誠を伝えたのである。

「アジア人蔑視」と戦う皇太子艦隊

「カゴの鳥だった私にとって、あの旅行で初めて自由な生活というものを体験したのだった」

当時を御回想された昭和天皇の御言葉である。

航海中の殿下の御様子を児島襄は、『天皇』一巻（文春文庫）で、こう述べている。

「航海中の昼食は『香取』高級士官をまじえての会食だった。仏語教官山本信次郎大佐（後少将、海兵二十六期）はスープが搬ばれてきて間もなくピッ、ピッ、とする音、ガチガチとスプーンが皿にぶつかる音を耳にした。『殿下のまえで不敬な……』と怪音の方へ目を向けると、なんと震源地は裕仁親王である。『侍従たちは何をしておったのか』というのが山本大佐の胸にこみあげてきた義憤の思いであった。

日露戦争で大勝利をあげ、第一次大戦で連合国に加わり、日本の勢力は世界に認められている。しかし、日本、及び日本人に対する国際的評価はなお低級といわねばならない。山本大佐が出港前に目を通した英国の新聞の中には『日本では貴人を見ると目が潰れるという信仰があるので市民は土下座して顔を泥にうめて迎える』とか、『女性は紳士を迎えるときは、四つ足の礼をする』という解説記事があった。

早速、山本大佐は仏語学習の時間を利用して『スプーンはこう持ちナイフはこう構えて』とこまやかにテーブルマナーの進講をしたところ、素直な裕仁親王は、『ア、そう』と心から喜んで山本大佐の進言を採用された。殿下は航海中この様に午前中は、仏語の御勉強、午後は艦上スポーツ、晩は西洋史の御勉強へと費やされた」

三月十日午前八時、御召艦隊は香港に入港した。ところがここでは極度な警戒がなされていた。

現地新聞には、入港直後御上陸と発表されていたものの、香港総督が乗船して殿下に伺候すると、同日の上陸は延期されるむね、急きょ変更された。そして同夜、総督官邸で催された夕食会には、閑院宮が御名代として出席されただけであった。

艦隊司令部は、それだけ、中国人や朝鮮人によるテロを恐れていた。

翌十一日、午後九時ごろ、裕仁親王は背広と中折れ帽姿で総督のエスコートを受け、内火艇で海軍桟橋に御上陸された。そして自動車で島内を御見学された。

その間、侯爵、小松輝久大尉（北白川宮の王子、後中将）は、殿下の身代りとして海軍通常礼装を着用し、中央埠頭に上陸、英兵の栄誉礼を受けていたのである。さらに、在留邦人（約千七百名）による公式行事は、すべて「香取」「鹿島」艦上で行われた。

香港を出た艦隊は、十八日、シンガポールへ入港した。

ここも英国の領地である。しかし、マレー、ジャワ、スマトラ各地から邦人代表が集って、大型汽船をチャーターし、「香取」「鹿島」の周囲を旋回した。そして甲板上には、邦人約七百名が整列し、汽笛を合図に万歳を連呼していたのである。

三月二十八日、艦隊はセイロン島、コロンボへ入港した。殿下は、ここで初めて公式に御上陸された。

余談ではあるが、昭和五十四年（一九七九）八月、筆者が三代目「かとり」（三三五〇トン）で当地へ入港したとき、来艦した越智啓介大使は、スリランカのジャヤワルダナ大統領の回想を次のように伝えた。ちなみに大統領はこの時天皇拝謁のため日本へ行動中であった。

「英国の植民地時代、我々民衆は牛馬のように扱われ心が荒んでいた。母は少年であった私を日本艦隊が見える丘に連れて行き、その勇姿を指さしながら、『アジア人でもやればできる』と私を諭した。私はこの時、強い刺激を受けた。スリランカ独立を思い立ったのもこの時である」

大統領はこの後、スリランカ独立運動に身を挺し、サンフランシスコ講和会議のときには同国大蔵大臣として参加、対日賠償請求権の放棄を宣言し、また昭和天皇崩御の際は、外国要人で最も早く来日し、大喪の礼に参列している。

艦隊は、インド洋、アラビア海、スエズ運河、地中海、大西洋と西進し、五月四日、ヨーロッパ最初の訪問地、大英帝国のポーツマス軍港に入港した。しかしこの時、英国以外の訪問国は未定であった。五月九日にようやく英国他四か国の訪問が決定した。結局皇太子はフランス、ベルギー、オランダ、イタリア五か国を訪問した（バチカンを加えれば六か国）。

四月二十九日、殿下は、地中海、スペイン南方洋上で二十歳の誕生日を迎えられたが、この日、「香取」後甲板では、乗員による余興大会が催された。このとき漢那は、奉祝のため和歌二首を詠じている。

日の御子のあれましし日をことほきて
　ともにうたはん御代のさかえを
ふえにきやのむかし栄えしこの海に
　御子あれましし日を祝ふかな

五月一日、艦隊がジブラルタルに入港したとき、殿下は生れて初めて現金を手にされた。ここでは、米国大西洋艦隊司令長官ニブラック大将と、ジブラルタル総督スミス・ドリアン大将が殿下をお迎えした。彼らは早速、殿下を競馬に御案内した。そのとき殿下の目標馬が優勝し、ニブラック大将から賞金として現金を手渡されたのである。

奇しくも当地で連絡官として乗艦して来たのが吉田茂（戦後総理）である。吉田は当時四十三歳、在英日本大使館の一等書記官であった。

さて、ヨーロッパは、第一次大戦で約二千万人の人命が失われ、各国は疲弊していた。そして殿下を迎えた英国も国力を消耗し、失業者は百八十万を超え、ストライキも各所で頻発していた。ところが英国国民は、日英同盟の盟邦であるとともに東洋の立憲君主国である日本の皇太子を歓迎した。とくに英王室は、外国来賓中、最大の敬意と親しみをもって一行を歓迎したのである。

殿下は、ロンドン滞在中、バッキンガム宮殿に宿泊され、英国皇太子プリンス・オブ・ウェールズ（後のエドワード八世）のエスコートを受けることになった。そこで殿下は、英王室の庶民性に深い感動を覚えられるのである。

まず、英王子たちが両親揃ってのびのび暮らしているということである。対照的に我が国の皇室は、謀反から皇統を守るため、皇太子と天皇は共に住むことができなかった。

さらに英王子が、何の護衛もつけることなく気軽に町にダンスに出かけ、市民と踊るということも、皇室では考えられないことであった。また、町なかで王子に会ったロンドン市民は、この王子にやたら拝跪《はいき》しないで親愛の情を示すだけであるという。

国王夫妻は、殿下を我が子のようにもてなした。

ある朝、王子がスリッパに吊りバンドというでたちで殿下の部屋を訪れ、殿下の肩に手をかけながら親しく語りかけた。殿下も青年らしくなごやかに話される。ところが随員たちは、これを快く思わないのである。しかも彼らは、英国の新聞が皇太子を「プリンス」という単語で表現していることにさえ立腹していた。

五月二十三日、殿下は生涯忘れ得ぬハプニングに遭遇された。

スコットランドの大名、アソール公の城で開かれたダンスパーティーの光景であった。そこに、普段着姿の村人が多勢いるのに気付かれた殿下が、アソール夫人に、

「英国では召使いが少ないので、貴族は困っているというのに、どうしてこんなに多くの召使いを集めることができるのですか」

とお尋ねになった。

夫人、答えていわく、

「ふだん私たち夫婦は城のそばの小さな家に住んでいるので人手は要りません。しかし、殿下のお来しのような場合には、村人たちが我先に召使いにしてほしいときます。困るのは人を集めることではなく、どうして適当な人を選ぶかということです」と。

そしてダンスパーティーが始まると、アソール夫妻は村人と次々に踊り、ダンスに興じるのである。

アソール公の領地は八百九十平方キロメートル（大阪府面積の約半分）、私兵二百人を有していた。

深い感動を覚えられた皇太子は、後に二荒伯爵に、「日本の貴族や富豪達がアソール公爵のやり方をまねたら、日本に過激思想など起らないと思う」と語られたという。

しかし、アソール公自身も当初、殿下の来訪を敬遠していた。

「日本人という人種は知らない」

と発言してアソール公はクビをたてにふらなかったのである。これを英宰相ロイド・ジョージが説得して、ようやく承諾させたのであった。ところが殿下がアソール城をお出になるとき、公は殿下の御人柄に親愛の情をいだくようになっていた。

殿下御一行は、続いて、欧州大陸諸国を訪問された。「香取」は五月三十日、フランスのルアーブル港に入港した。

パリでは、御自分で切符を買って地下鉄に乗られたり、買い物もされた。殿下にとっては、生れて初めての御買い物である。ポケットマネーよりもずっと高価な品を求められて、貨幣が足らないというハプニングも経験された。

殿下は、ここでもまた、大変な光景に遭遇された。「香取」は五月三十日、フランスのルアーブル港に入港した。

第一次世界大戦によって破壊された村の廃墟であった。

一行がベルギーやフランスのその地を訪れたとき、毒ガスにやられた樹木が奇怪な形で立ち、その中に、戦争孤児や老女が途方にくれ、たたずんでいた。しかも地中には不発弾が未だ残っており、一行はこれを避けながら歩いた。

殿下は心を痛められ、戦争被災者のために一万フランを同地方に贈られた。そして、案内役のフランセ・デスペレー将軍に、

「この地は、今なお戦争を賛美する者が必ず訪れるべきものである」

と、語られた。

一方、七月十五日、皇太子は山本信次郎大佐の尽力でローマ法王（ベネディクト十五世）に謁見した。これは欧州ご巡遊のスケジュールには全く無かったのである。山本はカトリック教徒、バチカンからの信頼は厚く、山本自身四代の法王に謁見していた。

当時バチカンは日本と国交がなく皇太子のご訪問は異例中の異例であった。法王は世界人口の五分の一、三億人の信徒（当時推計）の頂点に位置していた。さらに世界各地のカトリック教会から集まる情報は列国の諜報機関を凌駕していたのである。従ってその影響力は英米などのプロテスタント国に対抗できる存在であった。実際、当時世界三十か国が法王庁に大使、公使を派遣していた。

バチカンは終戦後、GHQによる対日占領政策に対し我国を擁護する立場をとった。

こうして殿下は、短期間のうちに実に多くのことを学ばれた。そして、大正十年九月三日、約半年ぶりに無事帰国されたのである。

国民は、殿下の各国で示された堂々とした態度を新聞報道で知らされ、一層、皇室に憧憬の念をいだいた。

この日、殿下をお迎えするために、数十万の国民が横浜港や東京駅頭におしよせた。

さて、漢那や艦隊の将兵は、この殿下の御巡遊をどう思ったのであろうか。

漢那は、著書にこう述べている。

「殿下の一歩一歩の御足跡はやがて欧州各国の元首、及び国民に接し給うことによって、我国と彼国との国際的情誼がいよいよ深く増されていくことである。（中略）殿下の海外御巡遊は即ち各国における圧倒的御人気が、或は尊敬に、或いは感謝に、或いは同情にと、日本皇室及び日本国民に対する欧州各国の親善と友愛が、従来に幾十百倍する程強調された、卑近な例を挙げていえばベルギーでは『プリンス裕仁』という煙草さえ売り出されたという程である」

この書きだしがおもしろい。漢那は殿下を、欧米風に「プリンス」という概念で描いて、その庶民性を強調しているのである。

「殿下が所謂平民的にあらせらることを承知していただきたいのであるが、私の筆が未熟の為に書中或いは尊貴に狎れ過ぎて外国の皇帝や皇族方に対すると同一観念に出づるかを疑わしむるものあらば、それは決して私の本意ではないことを堅く御断りしておきたい……」

この著書は昭和二年に発刊され、陛下御自身も台覧されている。八年後の昭和十年、一木喜徳郎や美濃部達吉らが天皇機関説を唱え、国体明徴問題が起こるが、この時代までは皇室関連記述に関しても、まだリベラルな風潮があった。

御召艦「香取」の乗員は、また別の点で殿下を敬服するようになっていた。次はその一文である。

「香港出港の当夜初めて活動写真（映画）のあった日の事であります。艦長より兵員があまり殿下の御側に寄りては恐れ多き故、遠慮する様御注意せられました。暫くして殿下御着座あらせられ兵員の方を御覧遊ばされ、狭い所に折重なって窮屈そうにして居るのを不憫に思召されたのか、殿下には『兵員をもっと前へ座らせよ』と迎せになり、御側近くまで兵員を御召し寄せ遊ばされました。又暫くして『後に居る兵員に見えぬから皆低くなればよいだろう』と供奉員らに仰せ給い、畏多くも御自ら御身体を屈して低くなり給いたるかたじけなさには、皆等しく感涙に咽びました」（海軍兵曹長高畑良祐記）

「カムラン湾における本艦載炭の日に陸上御散歩に御上陸の際、粗末なトロに御召し遊ばされました。其時でありました。本艦に於ては供奉員に対しても本艦乗員に対しても少しの御差別を設けさせ給わぬ御事は承知していましたが、トロを押すいやしい支那人に対しても少しも御差別あらせられず、彼らの敬礼に御答礼あらせられました御事は実に何とも言い知れぬ感じがいたしました」（海軍一等兵曹桜井文夫記）

「紅海の酷暑は形容すべくもない、此の炎熱の下、しかも日盛りの午後二時頃、皇太子殿下には苦熱を物ともし給わず、後甲板で雄々しくも角力を遊ばされ、更に海水槽に水浴を試み給う、（中略）

殊に之を日本の所謂成金者流に聞かせたいと思うが、彼らはぜい沢三昧なる屋敷に氷を呼び風を送らせながら尚足れりとせずして温泉に海岸に暑を避くるに之れ日も足らず遊惰快楽に耽り、心身の修養の如き委して省みざるもの之彼等の現状ではないか、彼等にして若し殿下の御勇壮な御運動を拝聴したならば正に慚死せざるもの幾何かある……」（海軍少佐雪下

勝美記）

帰国なされた殿下は、国民に次の言葉を賜わった。

「私の欧州諸国歴訪は諸国の元首や官民に歓待され短日月間に多方面の事物を見物することができた。彼らの歓待は決して私に与えられたのではない、実に日本国民に対する友情の発露である。（中略）

大戦の跡を訪ね、惨たんたる光景歴々なお存するのを目撃していよいよ世界平和の要を痛感した。また彼らの戦後復興の努力に敬服すると共に我が国が彼らに学ぶべきことは沢山あることに気付いた。そして国民と共に彼らの長所をとって我々の短所を補い、国力を隆盛させ、明治大帝の志をくんで世界文化の発展に寄与しよう」

そして漢那は、この御召艦艦長の労をねぎらわれ、天皇陛下より金杯、英国皇帝陛下よりコマンダー・ビクトリア勲章、フランス共和国政府からオフィシエ・ド・ロルドル・ナショナル・ド・ラ・レジオン・ドヌール勲章、イタリア皇帝陛下からコマンドール・サン・モーリス・エ・ラザル勲章を贈与された。

海軍離役と大正の暗雲

日米戦争の開幕

大正十年（一九二一）九月二日深夜、御召艦「香取」後甲板では、殿下が漢那に旅の思い出を語られ、侍従に促されてようやく寝室にお入りになられた。

「香取」は、翌日行われる奉迎式典に臨むべく館山湾に仮泊していたのである。

このころ東京では、加藤友三郎海軍大臣以下の海軍首脳が、翌月行われる軍縮会議に備えて、徹夜で準備作業にとりかかっていた。また宮中では、大正天皇の御病状が思わしくないため、皇太子にその政務を代行賜わるべく、「摂政宮問題」が論議されていた。

ここで眼を海外に転じよう。

米国は、日露戦争以降、日本海軍のポテンシャルに脅威を感じ、この伸長を抑えるべく軍縮会議の開催を列強に提唱していた。

また、列強も戦災と第一次大戦後の不況により、膨大な建艦費が国家予算を圧迫するようになっていた。そこで彼らはこぞって軍縮会議の開催に同意した。

大正十年十一月、ワシントンで軍縮会議が開かれた。冒頭、米国大統領ウォーレン・ハーディングは、米、英、日の戦艦保有比率を、それぞれ、五、五、三と提案した。さらに日英同盟を破棄させるとともに、第一次大戦で日本がドイツから引きついだ山東省の利権を中国へ返還させ、日英同盟で明記されていた中国大陸における日本の特殊権益を否認し、中国の門戸開放、機会均等を国際条約でとり決めた（九カ国条約）。また、太平洋諸島の現状維持を条文化し、これを国際条約とした（四カ国条約）。まさにワシントン会議は、日本大国化抑止のための会議であった。

このように、国際政治のキャスティングボートは英国から米国へ移りつつあった。米国は大戦中、戦場と化したヨーロッパの物資生産の大部分を引き受けたため、その国力が飛躍的に増大していたからである。

日本海軍の強硬派は、米国のこれらの提案に激怒し、

「アングロサクソンの世界支配か」

と批難した。

大正十一年二月、軍縮会議はいよいよ大詰めを迎えた。条約の調印にあたり、もし日本がこれを否決すれば会議は決裂し、世界はまた、熾烈な建艦競争を余儀なくされる。各国代表は固唾を呑んだ。

しかし、加藤友三郎海軍大臣がこの案を承諾したため、議場はアドミラル・カトウをたたえる拍手が万雷のようにこだました。

加藤海軍大臣は、この六年前から八・八艦隊計画を推進していた。これは、日本海軍の主力艦を戦艦八隻、巡洋戦艦八隻にするというものである。しかし、加藤海相は、我が国の経済力ではとうていこれを成し得ないことも痛感していたのである。

ところが日本海軍随員の強硬派は、加藤海相の意見になかなか承服しようとしなかった。

そこで加藤海相は、強硬派の旗頭、加藤寛治海軍中将ら随員を一室に集め、次のような決意を述べると同時に、随員、堀悌吉中佐にこれを筆記させて在京の海軍次官（井出中将）に

書簡として提出させたのである。
「国防は軍人の専有物にあらず。戦争もまた軍人のみにてなしうるべきものにあらず。国家総動員にてこれに当らざれば目的を達しがたし。ゆえに、一方にては軍備を整うると同時に、民間工業力を発達せしめ、貿易を奨励し、真に国力を充実するにあらずんば、いかに軍備の充実あるも活用するあたわず。平たくいえば金がなければ戦争はできぬということなり」（『帝国海軍記録文書』）

ここで登場する堀中佐は、山本五十六元帥のクラスヘッド（海兵三十二期トップ）で、加藤海相にもっとも信頼された人物であった。ところが後年、これら対英米強硬派の圧力によって、中将で予備役にされる。

この年（大正十年）、パリでは国際平和会議が開かれた。席上、日本代表は「人種平等原則」を提案した。これに激怒した米国は翌十一年、日本人の帰化禁止を宣言、大正十三年には、埴原正直在米日本大使が、この問題について米国へ厳重抗議するという事態に発展した。これは日露戦争以降、「日本人だけは白人種とみなす」という暗黙の了解を、反故《ほご》にするものであった。

人口密度の高い日本が、中国大陸や米国へ移民しようとすれば、その密度の低い米国が、いずれも阻止しようとする。連戦連勝の日本国民にとって、この米国の姿勢は容認できなかった。そして、これが主因となって根強い反米イズムが生じてくるのである。加えて、当時のマスコミは、これを煽る記事を掲載し続けた。

現在、沖縄県の史料編集所に保存されている県内新聞にもそのような記事が散見される。
「米政府の最後通牒」（『沖縄先嶋新聞』大正十年三月号）
「米海軍の威嚇」（『沖縄先嶋新聞』大正十年四月号）

加藤海相は偉大な人物であった。

部内には、同条約批准について、なお不満を持つ者は少なくなかった。しかし日本海海戦当時、参謀長をつとめた加藤の統制力は抜群であった。

「五、五、三で国を守れないやつはオレの所へ来い」

こういう堂々とした加藤の前では、強硬派も赤子同然であった。そして加藤は帰国後、

「軍部大臣は軍人じゃなくてもっとまる」

と発言し、物議をかもした。

実際、加藤海相はこの軍縮会議中、海軍大臣の事務を原首相に代行させており、すでにシビリアン・コントロールを自ら実践していたのである。

陸軍はこの加藤の言動に抗議した。そして原首相は、間もなく右翼青年に暗殺され、また、加藤もこの二年後、病没する。

無念、最後の藩閥に敗る

大正十一年六月十二日、海軍大将加藤友三郎に組閣の大命が降下した。加藤首相は、ワシ

ントン条約に従って軍縮の実施、民力増強へとその政治力を存分に発揮していた。

　ところで、漢那は御召艦艦長の大任を終え、戦艦「扶桑」（二万九〇〇〇トン）艦長に補せられた。そして大正十一年春、南西諸島近海で訓練を終えた艦隊は、沖縄中城湾に錨をおろした。

　乗員には上陸が許可され、県民にも軍艦見学の許可がおりた。閑散な同湾岸も行き交う機動艇で活気をおびていた。

　陸上発第一便の「扶桑」内火艇が帰艦するやいなや、手の甲に入墨した老婆が、急なラッタルを勇ましく登ってきた。

　すると舷門近くでこれに見入っていた水兵たちが、

「琉球人が来るぞ」

と冷やかな視線を浴びせていた。

　そこへ漢那艦長が足早にあらわれ、

「ハイサイ、メンソーレ」（沖縄方言で、「こんにちは。よくいらっしゃいました」の意味）

と、その老婆の手をとったのである。

　この老婆こそ、漢那艦長の母オトであった。

　水兵たちは、アッと言わんばかりに姿勢を正し、艦長母子に挙手の敬礼をした。

　湾を望む高台では、生徒を引率した小中学校の教諭たちが「扶桑」を指さして、郷土のヒーロー、漢那大佐の話をしながら「後に続け」と強調していた。

漢那はこの日、那覇、甲辰小学校の創立記念式典に招待された。綱引き用のロープを寄贈した漢那は、全校生徒に次のような講話を行っている。

「かつて我らの祖先は小舟を操って太平洋、インド洋と航海し広く交易をもって琉球王国を富ましていた。どうか諸君、我らの祖先に誇りをもって、また祖先に負けないような進取の気合をもって郷土沖縄のために頑張ってもらいたい」

甲辰小学校とは、日露戦争の戦勝を記念して創立された学校である。

しかし、この配置をもって漢那の大将昇任の夢は断たれたという説が強い。大正以降の海軍人事は、エリート将校のほとんどが、大佐以上になると艦船勤務を離れ、陸上勤務（天皇御付武官や海軍省または軍令部勤務）、あるいは外国駐在武官勤務に就いている。またこのころになると海軍もかなり官僚化してきて、大勢順応タイプ、つまり世渡り上手が出世しているケースが多くみられる。

官僚化に抗した海兵二十四期トップの筑土次郎少将（大角岑生クラス）や、三十三期の坂野常善中将（豊田貞次郎クラス）などは、そのようなことで早く退役させられている。

一方、海軍士官養成の根幹たる海軍兵学校も、後年、ダルトン・プラン等の自主学習方式が試行されたこともあるが、大正後期以降になると、

「想像もできない程のつめこみ丸暗記で、思考の停止をもたらしていた」（高木惣吉元少将回顧）という。

そういえば大正八年、ハーバード大学に留学していた山本五十六（当時少佐）が海軍省へ

送った書簡の中にも、

「（ハーバード大の教育は）海大と少し似たるも兵学校の弾圧注入教育に至りては、改善の余地、更に少なからざるやと覚えしむ」とあった。

しかしこれらの現象は、何も兵学校だけに限ったことではなかった。帝国大学でも、知識偏重の教育が施されていたのは周知のことである。西欧化を急いだ日本のひずみがここに露呈してきたのである。

話を戻そう。

当時の漢那を知る者は、異口同音に、

「俊敏厳格な人物で、上司にもどんどん意見を言うし、大勢に妥協しない性格であった」

という。

次は、大正十二年、海軍少尉に任官した渡名喜守定元海軍大佐（当時、戦艦「陸奥」乗組）が、戦艦「伊勢」（二万九〇〇〇トン）艦長の漢那大佐を訪ねたときの回顧である。

「艦隊のカッター競技が行われるため、『長門』『伊勢』『陸奥』などの戦艦が錨地に集合した。私は、少尉任官の挨拶をするため『伊勢』艦長公室を訪ねた。そのとき、漢那さんは、直立不動の姿勢をとる私に、表情一つ変えず『壮途を祝す』と言っただけで、『休め』とか、同郷の後輩をもてなす様な甘い言動を一切、見せなかった。今しみじみ感じることであるが、公私厳別の精神を私に教えたかったのであろう」（昭和五十九年九月取材）

このとき行われたカッター競技の講評に立った競技委員長の漢那は、

「艦長以上に申し上げる……」

と極めて厳しい口調で発言し、青年士官を驚かせている。とにかく、漢那は理非曲直を正す男であった。しかし当時、海軍軍人の間では、

「主義主張は部下の前だけで言え」という文言が流行っていたのである。

また、「若いころは切れ者で通っていても、艦隊長官ぐらいになると、当りさわりのない講評をするのが常道だった」という（『昭和史の軍人たち』秦郁彦著）。

一方海軍は、軍縮条約に従って、大正十一年に戦艦七隻に工事中止命令を発し、数隻の現役戦艦を海没処分にした。さらに、海軍上級幹部の勇退が奨励され、海軍兵学校も、採用人員が三百名から一挙に五十名に削減された（五十三期以降）。そして大正十二年から十三年にかけて、多くの高級士官が予備役に編入されたのである。

青年士官の間では、

「海軍が解体するのではないか」という危機感さえささやかれていた。

漢那は、この軍縮予備役からは免れていた。

ここまではよかった。ところが漢那の運命を変えることが起こった。

大正十二年八月二十五日、総理海軍大将加藤友三郎はガンのため死去し、続いて組閣した、、、、鹿児島県出身、海軍大将山本権兵衛は同県人の財部彪大将（海兵十五期）を前内閣に引き続いて海軍大臣に起用した。財部は、山本の娘婿にあたる。

この財部は、人格的に少々問題のある人物であった。端的にいえば、公私混同の激しい人

物である。こういうエピソードがある。

「ロンドン軍縮会議に、夫人を伴って渡英した（これだけでも、日本海軍の中では前代未聞であった）。そして、現地で娘の嫁入道具を購入し、その運搬を友人の海運会社に無料で引き受けさせた。ところが、これが日本に着いたとき破損してしまったのである。そこで財部は、米国留学中の山本五十六中佐（当時）に公電を発して、その弁償金を海運会社からとるよう指示したのである」

また、夫人の鼻っ柱が強く、人事にまで容喙《ようかい》していたという。こうした財部夫婦に、部内ではかなり反発が強かった。漢那も、この財部にはかなり反発していたようだ。

昭和四年（一九二九）、衆議院議員の漢那は、浜口雄幸《おさち》の組閣に際し、海軍大臣に財部が起用されるということを耳にして、これに強く反対する意見書を出している。

大正十二年十一月三十日、「伊勢」艦上の漢那に、少将昇任の内示が届いた（当時四十六歳）。しかし同時に、

「十二月一日付、横須賀防備隊司令に補す」

との電報が届いたのである。明らかに左遷人事である。この配置は、俗に「停年五分前」といわれた配置でもあった。

十一月末日、漢那は止むなく艦を降りた。

「恐らく、二度と艦には戻れないだろう……」

艦長交代式を終え、軍艦旗を仰いだ漢那は、こうつぶやいた。

　横須賀防備隊時代に漢那につかえた荻原亀三郎元少尉（当時三等兵曹）は、往時を次のように語っている。

「大らかな性格で細かいことに余り目をつけない方でした。当時、下士官兵の長髪を認めておりました。また余暇を見て『テニス』を好まれ前庭で楽しんでおりました。何しろ震災直後（関東大震災）のことで諸設備は荒れ放題、兵舎はバラック建で衛生環境などみじめなものでした。司令は草花をこよなく愛され、兵舎の軒下、庭の隅々まで色々な草花を栽培奨励しておりました」

「訓示の際は必ず『上手な運転（操艦）より確かな運転』と、確実、迅速、静粛を強調され、廊下、通路等に掲示しておられました。当時は機雷の爆発事故等、多数の死傷者を出す事故が多かったのですが漢那司令に仕えている間、寸毫《すんごう》の事故も発生することなく極めて順調な職務を全うすることができました」

　それから約一年経過した大正十三年十二月一日、漢那は海軍軍令部出仕を命じられた。どうも、正常な人事ではない。

　漢那家ではこの年、三女百合子が誕生した。

ところで大正十二年といえば、関東大震災と第一次大戦後の不況で、失業者は巷に溢れ、各地で労働争議が頻発していたころである。また、米国では排日運動が深刻化し、中国大陸では抗日運動が激化していた。まさに、当時の日本は、内憂外患のときであった。

大正十四年七月三十日、漢那に突然、「待命」が伝えられた。要するに「予備役編入」である。当時、漢那はまだ四十八歳であった。

沖縄県人の期待を一身に受けてきた漢那にとって、あまりにもあっけない終幕であった。もう二、三年すれば、海兵二十七期は、中将に昇進するはずであった。常にクラスの先頭を走ってきた漢那は、唇をかんだ。

漢那のクラスは、少将十七名、中将四名、大将二名を出している。

このときの漢那の様子を、東恩納寛惇は、こう述べている。

「その頃、漢那さんは小石川の水道端に住んでいたが意外の衝撃に憤満抑え難き同志が期せずして集まって来た。流石の漢那さんもその時だけは風邪気味だと云う口実で床について居られたがせめて中将まではと一言もらされた」（『東恩納寛惇全集』）

漢那にとって唯一の慰めは、摂政宮殿下（後の昭和天皇）が漢那の予備役編入をお聞きになられて、「なぜ、漢那がそんなに早く予備役か」と漏らされたことを伝え聞いたことであった。

当時、沖縄では、「漢那少将は薩摩にやられた」とか、「政財界要人の令嬢でももらっていれば、こんなことにならなかったろうに」と、まことしやかにささやかれていたという。果して、その人事はどこで決定されたのであろうか。

海軍少将の人事権は、まず、人事局長が選定し、海軍大臣が決裁していた。

当時の人事局長は、山形県出身の左近司政三少将（海兵二十八期）であった。関係者の話によると、漢那をかばったという証言さえある。また、左近司は中将で予備役にされた後、第三次近衛内閣（昭和十六年成立）の商工大臣に就任した。そのとき漢那を、某ドック会社の社長に推薦している。

このようなことから、やはり漢那の予備役編入は、財部海軍大臣の所で決定されたと推測して妥当だろう。

海軍の将官人事には多くの欠陥があったようだ。元海軍中佐の吉田俊雄（海兵五十九期）は、大東亜戦争敗北の一因を、この人事にあったとさえ指摘している。

バスに乗り遅れる沖縄

漢那はその後政界に転進するが、それを決意させた一因には、沖縄の窮状があった。これについて解説しておきたい。

明治三十七年（一九〇四）、琉球藩固有の原始共産体制「地割制」が政府の指導で廃止され、大衆の土地私有制が確立した。この結果、明治四十一年には県税の施行が可能となり、四十三年には第一回県会議員選挙が行われた（但し特別県政施行による代理選挙）。さらに四十五年には第一回の国政選挙も行われている。

ところがここで、大きな試練が沖縄の行く手に立ちはだかった。県民が経済自立へ真剣に取り組まず、いたずらに政争を繰り返したのである。

実は、土地私有制へ移行した明治三十六年当時の作付面積を一〇〇とすれば、二十年後の大正十二年、二三九と驚異的に拡大したものの、その生産性に重大な欠陥があった。農民が旧態依然たる手法による糖業に依存していたのである。要するに沖縄の産業はサトウキビの単一耕作と黒糖製造で、零細な家内工業に固執していた。さらには施肥もほとんど行われず、農具も幼稚なヘラがあるぐらいであった。

本土識者は県外の大手資本導入によるマス・プロダクション化や、商品作物の多角化を図るよう再三指導したが、農家は聞く耳を持たず、工場設置にも反対した。

琉球藩はかつて、サトウキビを唯一の換金作物としており、鎖国時代に琉球産黒糖を大阪市場で独占販売して暴利を得ていた。さらにこれを財源に日本の文物を購入し、中国皇帝に朝貢、十倍以上と言われる返礼をもって王府財源を拡大していたのである。

ところが開国以来、沖縄産砂糖より安価な砂糖（白糖）がキューバ、そして台湾から多量に入荷するようになり、沖縄の糖業は存続の危機にあったのだ。

一方、県人口は大正八年には五十七万九百人に達し、明治十七年以降三十五年で五六パーセントの増加をみたが、台湾のような工業も発展せず、人口増加分を埋める産業が定着しなかった。

この結果、大正十二年には食糧自給不能となり、移入依存型の経済に陥った。

沖縄県会の方はというと、大正九年四月より一般県政施行により、県民の直接選挙による議員が選出され開会されたが、旧平民と士族の政争の場と化しており、不毛な論争に終始していたのである。

ここに不幸が起きる。

大正八年六月、第一次大戦によるバブル景気が発生し、砂糖の国際価格が高騰した。結果、沖縄産黒糖にも投機資金が流入、大正八年から九年にかけて一〇〇斤（六〇キログラム）あたり約三倍四十六円に高騰したのである。

県民はこのマネーゲームに浮かれ、地元三行もまた競って融資を行った。ところが大正十年五月以降、この黒糖の価格が突然、十八円以下に暴落したのである。

大正十三年以降、地元三行全部が相次いで倒産し、県財政は破綻、通貨が大幅に減少した。沖縄はまさに石器時代の経済に逆戻りしたかのような様相を呈していたのである。

政府は、地元行の破綻により県庁官吏の給与が不払いになったことでようやくその実態を把握し、ただちに大型補正予算を編成して沖縄県民救済に乗り出した。

これと前後して、大正十四年二月二十四日、県出身代議士四名が帝国議会に沖縄振興に関する建議案を提出した。その中に、県民識者の意見として「植民地の如く特別会計に改めて貰いたい」と注記しているのである。

さらに負の連鎖は続いた。

戦前、内地の公務員が台湾、朝鮮等の植民地に赴任すると、給与に植民地手当が加算され、また恩給も早期に付与された。このため沖縄県出身の人材も、内地で学業を終えると沖縄に戻らず植民地に赴任したのである。

この結果、沖縄は特に教育人材が不足し、これに子弟教育を軽視する県民性が相乗して、人材がなかなか育たなかった。

一方、沖縄県民は糊口を求めて移民出稼ぎに出て行かざるを得なくなる。大正十年、京阪神地方に約七万人の県出身出稼ぎ者がおり、海外移民は約二万人を数えていたのである。

ところが標準語が十分に話せず、意思疎通に支障をきたす県出身者が少なくなかった。この結果、各地で県民だけのコミュニティを形成し、あるいは日本人社会と対立していったのである。

大正十五年三月、「中央公論」に広津和郎がこのような県出身者を題材に、「さまよえる琉球人」を掲載した。内容は、本土への被害者意識を持ち、契約観念、礼節に欠ける主人公を痛烈なタッチで描いているのだ。

沖縄出身者の一部はこれを「差別」と曲解し、無政府運動を展開していった。この結果、国民大衆と県民の齟齬が発生することが多々あったのである。

第三章　反骨政治家

怒濤の昭和

衆議員当選――沖縄政界の自立

昭和二年（一九二七）に出版された漢那の著書に、次の記述がある。
「普通選挙の制が布かれ、万民ここに平等の政治的権利を得たとはいうものの、政治の実際はなお全く旧套を脱していない。そして、この完成こそは、新日本のまさに担当すべきことであって、次第に複雑になって来る時勢に対して重大なる関係をもっている……」

大正十四年（一九二五）、予備役になった漢那は、東京水道端の借家で質素に暮らしていた。当時、四十八歳の漢那へ支給される恩給は、月約二百四十円であった。ところが母思いの漢那は、その三分の一、七十円を欠かさず送金していたのである。

その漢那が、海軍の元同僚から政界入りを勧められた。漢那は迷った。

船越《ふなこし》義英《ぎえい》は、この模様を次のように語っている。
「私の不在中、先生にお訪ねいただいたので、早速、お宅へお訪ね申した所、先生はいつもの事ながら、私達後輩に会われるにさえ、袴着用という礼をとられた。
『御訪ねしたのは、別の事ではないが、此度、予備役仰付けは御承知の通りである。ついては年も若いので、後年を政界への御奉公でとの先輩友人達の御勧めである。併し、自分は長年、海軍に勤務し政治の事等、ズブの素人である。皆さんの厚意は、厚意として一応辞退したものの、然し熟考を約された立場にある。それで、諸君達、若い連中の意見もとくとお聞きして腹を決めたいと思う。それだから、腹蔵のない意見を聞かして欲しい』というお話であった。さすが、厚顔の私も言葉が出ない。夢中でお暇した」

「再度お訪ねして『私達は喜んで先生の立侯補を支持いたします』と申し上げたところ、『君達が私を支持してくれる信条を一つ聞かして欲しい』というお言葉である。何しろ十分に心構えしていたつもりではあるが、この畳かけての矢つぎ早の質問に対してはぐっと詰らざるを得なかった。事ここまで来て今一度の御猶予をと申し上げることも余りに不用意過ぎるので、『先生！　御承知の通り私はまだ独身であります。今仮りに自分の配偶者を選ぶとすれば、その日以来家内としてすぐ役に立つ婦人というよりも、将来夫婦生活を共に建設していける相手方であるかどうかという事を先に考えるでありましょう。例えば村議、県議、又は院外団等、政治に若干の経験を有する者よりも、むしろ先生の如く純然たる白紙であれることに大きな希望と期待をもって国政をお任せ願えると考えられるからであります』と申し上げてみた。

先生は、いつもそうであるが、座を正され、私の申し上げる事に対し片言隻語も聞き洩すまいと私の顔を正視され、『そうか、そうか』と二度ばかり頷かれて、『私が仮りに政界への出馬を決意するとすれば、必ず君達の期待にそうべく努力するであろう。有難うよく言ってくれた』と頭を下げられた。私はその時、胸がつまり、危く落涙する所であった」

もう一つ漢那に政界入りを決意させたことがあった。沖縄の政情である。沖縄県出身の代議士は選挙のたびに多数政党にくら替えするし、沖縄の政財界は、自ら旧薩摩閥に依存し続けていた。

当時の模様を少し述べてみる。沖縄県民特有の事大主義がここにも見えてくる。大正三年（一九一四）、山本権兵衛内閣が倒れて、憲政会の大隈重信が新内閣を組織した。そして総選挙を行った結果、これまで多数政党をしめていた政友会が小数政党に転落した。このとき、政友会に属していた県出身代議士は、いっせいに電報で脱党届を出し、憲政会へ入党した。

ところが大正九年（一九二〇）、総選挙で政友会が再び浮上すると、沖縄政界は再び政友会へ復帰したのである。

それればかりではない、大正十三年（一九二四）、鹿児島県出身の床次竹二郎《とこなみたけじろう》が政友本党を結成するや、同年行われた選挙では、沖縄県の当選者全員が政友本党に属していた。

地方政治にいたっては、さらにみじめなものであった。各市町村長は、廃藩置県以前の間切長の子孫がそのまま居すわり続けていたのである。そして、この任命権は県知事の掌中にあった。

ここに当時を物語るエピソードがある。

第十五回総選挙に、野党、憲政会（後の民政党）の候補として出た伊礼肇《いれいはじめ》の回顧である。

「時世は、第一次世界大戦景気の反動と関東大震災の余波で不況の波は、全国を洗っており、国情も不安定であった。

大正十三年に行われたこの選挙は、与党、政友会が、政友本党と政友会に分裂し、野党となった政友会が憲政会と革新派を連合して護憲三派を作り、政友本党と対立した選挙である。政友本党は、警察を総動員しても野党勢力の進出を阻止する決意をしていただけに、ときの岩本沖縄県知事も必死だった。この知事は剛腹な男で、鹿児島県人、七高（現在の鹿児島大学）の先輩でもあって、私に非常に好意を持っていた。この知事が私を招いて中頭郡《なかがみぐん》（沖縄本島中部）から政友本党公認候補として立候補せんか、と勧めた。

『君が立候補するなら対立候補は出させず無投票でいけると思うが、もしだれかが立ったら私が選挙資金をだしてやる』と、何千円あるか知らないがいるだけ使えと貯金通帳をポンと投げだした（当時の千円は現在、約一千万円見当）。

ところが私の学生時代に政友会はワンマン宰相、原敬のもとで横暴の限りを尽していたので、政友会や政友本党から立候補しないと決心していたからきっぱり知事にことわった。すると、知事は『どんなことがあっても君を叩きつぶしてやる』とカンカンに怒って物別れとなった。

そこで憲政会への入党となったわけである。単身上京し加藤高明総裁に会見して入党、選挙資金として三千円貰って帰ってきた。

それから選挙運動だ。他の四選挙区はいずれも政友会同志の争いだから、岩本知事は他の選挙区を放ったらかして私を倒すことに全力をそそいだ。

対立候補として知事が苦心惨たんしてやっと探したのが農工銀行専務の神村吉郎氏、中頭有数の資産家であり、旧家である。おまけに農民を相手とする銀行の専務である。申し分はない。

岩本知事は銀行の役員を集めて『規約にはないが退職慰労金として一万円（現在の一億円見当）だせ』と押しつけ、破格の退職金を神村氏の選挙資金にあてさせ自らも相当の資金を回した。そしてこれが五千足らずの有権者にばらまかれたのである。

普通選挙法案が成立する前年だから税金五円以上の戸主でなければ投票権はない。私の方は青年層が中心になって演説会でも神村候補の十倍もの人が集まるのだが残念なことに、これらの青年は投票権のないのが多い。おまけに岩本知事は『伊礼を倒すためにはあらゆる手段をとれ』と警察部に厳命し全警察署を動員、私が金を借りに行きそうなところには刑事が先き回りして釘を打つ始末であった。

演説会でも同じだ。私の演説だけは流石に妨害しないが、推薦演説になると『諸君！』と一言いっただけで『弁士中止、解散』とくる。それでも私に同情が集って苦しいながらも投票前日までは有利という情勢だった。

仲井間宗一君が私の遊説部長を務めていたが、形勢はまず大丈夫と事務所で一息ついているところに『相手側は今夜、戸別訪問して金をバラまくらしいから徹夜で監視しなければならん。その青年達に酒を飲ませたいから百円出してくれ』といって来た。ところが金は全くない。なだめて帰したが、この百円のために千仞の功を一簣に欠くこととなった。当時は戸別訪問は許されていたから、ハッキリこの家は何派と分ったもので、門前に候補者の名札を貼りつけて相手候補の運動員を寄せつけないようにしたものだ。一番確実だ、という集落があって、ここだけは別に監視しなくともよかろうということで、軍資金のないための人手不足からこの集落は放置しておいたのだが、これがいけなかった。その夜、この集落の『伊礼』とフダをはっているところへ五十銭がバラまかれ情勢は一夜で急変した。開票の結果は三百七十票位の少差で破れた。この集落が寝返った票数だけの差である。これは貴重な経験となった。

沖縄でこそ全県政友本党一色でぬりつぶされたが全国的にみると、あれ程警察力を総動員した選挙でありながら護憲三派が二七六名を出したのに政友本党は一四一名で憲政会の一四九名にも及ばず内閣は総辞職、護憲三派連合による加藤内閣が誕生する運命にあった。岩本知事は間もなく憲政会の亀井知事と代った」（「月刊沖縄」一九六〇年十月号）

昭和元年（一九二六）、こうして漢那は政界へ出ることを決意した。

これには、兵学校のクラスメートがこぞって協力することを申し出てきた。また、沖縄中学同窓の伊波普猷や東恩納寛惇らが推薦状を作成した。さらに在京の県人知名士も、漢那への協力を申し出てきたのである。

昭和二年、漢那は沖縄出身移民に資金援助を要請するため、ハワイ、南北アメリカを旅した。沖縄の自然風土が農業に適さず、当時、県民所得は全国平均の約三〇㌫と低迷していたが、移民先の肥沃な土壌と先進の農業技術によって沖縄移民達は郷里の一千倍以上の収益を得ていたのである。彼らによる送金が県の歳入不足を補っていた。

米国で漢那を迎えた仲村信義は、この模様を次のように語っている。

「漢那氏は清廉潔白な人で清貧に甘んじて来た人格者として、また沖縄県出身唯一人の海軍少将として多くの人々に尊敬されて来たものだ。（中略）ハワイでも米本土でも県人全体から盛大な歓迎を受けていた」（北米沖縄クラブ発刊『北米県人史』仲村信義記）

加えて、元御召艦艦長の名声は、在留邦人にも響きわたっていた。彼らの懇請で、講演会や晩さん会も頻繁に行われた。それだけ沖縄移民の面目も一新されていたのである。

昭和三年二月、こうして漢那は選挙に出た。普通選挙法公布後、一回目の国政選挙である。東京方面の選対本部長は船越義英、沖縄方面は当間重剛《とうまじゅうごう》（戦後、琉球政府行政主席）、全般の後援会長を富名腰義珍が引き受けた。そして沖縄では、中学ストライキの盟友たちが参集し、あの県下を揺がしたストライキ事件をほうふつとさせた。

ところで、この選挙は我が国初の普通選挙である。成年男子全員に投票権が与えられたというものの、この意味を理解しきれない者が少なくなかった。さらに沖縄県民には、未だ標準語を話せない者が少なくなかった。

そこで伊波普猷は、漢那に、沖縄方言による選挙遊説を提唱し、これを教授したのである。また漢那は、憲政会（後の民政党）入党後援をとりつけた。しかしこの選挙は政友会、田中内閣下で行われたものである。戦局は決して油断は許されない。

開票日、昭和三年二月二十日、漢那陣営は一瞬、緊張した。しかし間もなく歓声がこだました。漢那が全投票率の二八パーセントを獲得、トップで当選したのである。

このとき、ハワイの邦字紙（紙名不詳）は漢那の写真を大々的に掲載し「人格の大勝利」という見出しで次のように報じている。

「布哇《ハワイ》二万県人より熱誠を以て後援したる海軍少将漢那憲和氏は官憲と金権の圧迫があったにも拘らず最高点を以て当選の栄誉をかち得た、人格は終に最後の勝利である。本紙読者を代表して遥かに祝意を表す」

これは、沖縄の国政選挙で野党勢力の候補が初めて当選した日であった。そしてまた、鹿児島系政党勢力からの自立をも意味していたのである。

昭和政界の腐敗

昭和五年（一九三〇）、漢那は沖縄移民会館建設のための資金募集のため南北アメリカを歴訪した。躾教育に欠ける県出身青年が移民先で日本人会から不評をかうことが多かったため事前教育（宿泊研修）を行う施設を那覇に建設するためであった。漢那は各地の日本人会からも歓迎を受け講演を頼まれた。

当時日本本土では日米戦未来物が流行しており、移民の間にもこの空気は伝わっていた。ハワイの日本人会で講演した漢那にハプニングが起きた。講演の終了間際、一人の日系二世が挙手してこう質問したのである。「閣下、もし将来、日米戦が生起する様なことがありますならば、我々はいったい、どの国に尽くしたら良いのでしょうか」

これまでの日本人講演者がそうであったように聴衆の殆どは「日本」と答えるだろうと思っていた。いや一世の多くはそれを期待していたのである。しかし漢那の答えは変わっていた。「君たちの祖国は米国であります。当然米国に忠誠を尽くすべきです」場内は騒然となった。とくに移民一世の中には憤慨する者も少なくなかった。そしてこの発言は漢那が帰国するよりも早く内地に達した。在京の沖縄県人会では漢那を激しく非難する者もいた。退役将官会「洋洋会」でも物議をかもしていた。

ところが、ハワイの日系二世にとって漢那の発言はかなり励みとなった。日米開戦直後、彼らは一時入隊を拒否されたものの、ハワイの日系移民を中心に志願運動が開始され、ついに入隊が認められ第一〇〇歩兵大隊が編成された。

間もなく欧州戦線に投入された彼らは多くの武勲を立てて米国民を驚嘆させた。その結果、日系人への偏見は一掃された。「敵性国民」から「第一級市民」と呼ばれるようになり、敬意されるようになっていったのである。

昭和六年（一九三一）四月、五十四歳の漢那は、民政党代議士として南米諸国を視察した。

英語に堪能な漢那は、その国情を的確にとらえている。そして帰国後、水交社（海軍将校クラブ）で、次の講演を行った。

「元来、南米の革命は殆ど年中行事であります。この革命の原因は何かと申しますと、四か国共その為政者が余り長くその職におり、また長くおらんがために無理をするのであります。憲法が立派にあるに拘らずそれを蹂躙して議会の召集を故意に引き延ばし、または自己党派の利益のみを考えて国利民福を考えず、外国から借金してその借金の幾部分かを自己党派に属する者、つまり自分の手足となる者に利を喰わす資金に充てているのであります。しかし、この借金ができなくなってきますと当然部下に利を喰わすことができなくなるのであります。そこで部下もまた利のある間はついて来るのでありますが、一旦、利がなくなれば自然に背く、これ等が革命の原因であります……」

さて、第二次大戦に至る過程の中で、昭和初期の世相を知るのは極めて重要なことであるから、ここにその大筋を述べておこう。

大正末期の日本経済は大幅な景気後退に陥っていた。加えて、昭和二年に起こった金融恐慌、その二年後に起きた世界恐慌で国内の中小企業は次々に倒産し、三井、三菱などの財閥に吸収されていった。また巷には失業者があふれ、農家も不作に喘いでいたのである。

視点を海外に転じると、第一次大戦で未曾有の被害を受けた先進諸国は、当初戦争の再発を防ごうと国際協調を謳った。しかし世界恐慌でその足並は乱れはじめていた。英、仏、両国は、その広大な植民地圏内にブロック経済体制を確立し、米ソ両資源大国も、国内資源の輸出を限定して急場をしのいでいた。

ところが、植民地や資源をほとんど持たない日、独、伊三国にとって、この恐慌は耐え難いものであった。欧米へ輸出される日本製品には法外な関税が課せられ、またドイツは第一次大戦に敗北し、膨大な賠償金を課せられていた。そのため、彼ら国民は、二重三重の苦しみに喘いでいたのである。

一方、中国大陸では、大正十五年以降、国民政府軍（蔣介石）と共産軍（毛沢東）が内戦をくりかえしていた。ところが前者を英米が、後者をソ連が支援したため、戦火は拡大するばかりであった。

若槻内閣（民政党）は、ここで、「不介入」を宣言していた。ところが、国民政府軍、共産軍とも在留邦人にテロを行い、日本の主権をことごとく蹂躙した。

我が国国民は若槻の政策に反発を持ち始める。

つづいて国内情勢を見てみよう。

政友本党の床次竹二郎は、自己の勢力を拡大すべく、民政党や政友会の勢力伯仲を利用して、双方に接近離反をくりかえしていた。ところが、若槻内閣（民政党）に利がないとみた床次は、政友会と結託して、倒閣へと転じたのである。しかし、その手段が実に卑劣であった。

「松島遊郭事件」と「朴烈事件」をもちだしたのである。

前者は、民政党代議士が起こしたワイロ事件である。後者は、少し長くなるが詳説すると、朝鮮人アナーキスト朴烈と、その妻金子文子が天皇暗殺を企て、爆弾を入手したという罪科で逮捕され、朴に死刑が言い渡された事件である。

ところが若槻総理は、日朝関係の将来を思ってこれを恩赦減刑し、無期懲役にしたのである。そこで、これに不満を持った右翼勢力は、取調室内で妻にみだりにより添う朴烈の写真を写して秘かに民間に流して騒ぎをおこした。

こうした戦術に、若槻内閣は耐えられなかった。そして昭和二年、政友会が政権を掌握した。

政友会総裁、陸軍大将、田中義一は首相になるとただちに対中国強硬外交を開始した。そして、在留邦人保護を名目に、中国に派兵した（第一次山東出兵）。

昭和三年六月四日、今度は出先の陸軍部隊が独走した。満州方面に展開する関東軍が、満州軍閥の張作霖《ちょうさくりん》を爆殺したのである。また同年、中国北部の済南《さいなん》において日本陸軍と国民政府軍が交戦するという事件が発生した（済南事件）。

これは国際的にそうとう非難を受けたばかりでなく、英米両国の対日観をいちじるしく悪化させることになった。

昭和四年七月、天皇は田中首相に、「張作霖爆殺事件の真犯人を処罰せよ」と厳命された。

ところが田中は、これを曖昧にしたのである。

天皇は激怒された。

恐懼《きょうく》した田中はただちに辞職し、二カ月後には心臓マヒで死去した。

かつて政友会は、民政党の若槻内閣を倒すため、そのワイロ事件をもちだしたことがあった。ところが政友会も田中内閣の期間中、閣僚によるワイロ事件が多発していた。朝鮮疑獄事件、勲章疑獄事件、私鉄疑獄事件が主なものである。こうした政界の腐敗は増大するばかりであった。

「君民一致して世界平和に貢献する」と謳った「昭和」の御代は、このようにスタートのときから混乱していたのである。

海軍分裂

田中内閣末期、国債は百億円（当時）を超え、国家財政は危機に瀕していた。この額は大正十二年度国家予算の約三十倍に相当していた。

そこで田中の後を受けた民政党の浜口雄幸は、平和外交と民力休養を謳い、減税、軍事費削減を図って、財政の安定化をめざした。

昭和五年一月二十一日、折しも、英首相ジェームズ・ラムゼイ・マクドナルドの提唱で、ロンドン海軍軍縮会議が催されることになった。

これはワシントン会議で列国の主力艦の保有率が決められたことに続き、補助艦（巡洋艦、駆逐艦、潜水艦）の保有比率を決定する会議であった。これより三年前、ジュネーブでも同様の会議が開催されたが、各国の足並が揃わず流会となっていたのである。

この軍縮会議の結末は、我が国の運命を大きく変えることになる。

浜口首相は、その政治信念に基づき、会議をなんとしても成功させたかった。このため、全権に若槻元首相や財部海軍大臣を任じた。首相級の人物を送ることによって、我が国の発言力を高めようとしたためである。この会議に臨む列国代表も、政治家が多かった。

というのは、先のジュネーブ会議は軍人代表が多かったため、専門的な意見に固執しすぎて、政治的な妥協ができなかったからである。ただし、ロンドン軍縮会議は、英米による日本海軍の補助艦艇保有量を制限することがあくまでも主眼であった。

ここで日本海軍の組織について述べておく。

海軍組織の頂上には、海軍省と海軍軍令部の二部門があった。前者は軍政面に携わり、海軍大臣は時の内閣と連帯して国政に責任をもっていた。また後者は、軍令面に携わり、作戦の立案、部隊の指揮統制等、運用面を司っていた。同様に、陸軍には陸軍省と参謀本部がおかれていた。

ところが、陸軍が省部とも権限が並立していたのに比べ、海軍は海軍省が軍令部の上におかれていた。要するに国政の面における軍の責任を明確にしていたのである。そして海軍には、外務省と連帯してときの政府方針に従うという不文律があった。

それ故に、海軍はワシントン、ロンドンの両軍縮会議の期間中、海軍大臣が海外に出張している間、首相にその職務を代行させることができたのである（シビリアン・コントロール）。一方、軍令部は、先のワシントン会議で主力艦の保有量に劣勢比率を課されたため、補助艦をもってそれを補おうとしていた。ところがこれにも英米が制限を課そうとするため反発が起きる。

さて、ロンドン会議に先だって、海軍軍令部長加藤寛治大将、軍令部次長末次信正中将は、各マスコミを懐柔して「三大原則」というのを公表、これが満されなかったら「国防に責任が持てない」との妄想を国民にいだかせた。

「三大原則」とは、

一、補助艦艇保有率対米七割
二、大型巡洋艦保有率対米七割
三、潜水艦保有量七万八〇〇〇トン

のことである。

彼らは、背水の陣をしいたつもりでいたらしい。しかし国際政治上、自らの手の内を見せるということは、外交上の邪道である。要するに国際政治には相手がいる。こちらの主張が全部かなえられたということは、外交上、相手は負けたということになるのである。大国アメリカが承服するはずがない。

一方、会議のキャスティングボートを握る米国は、ロンドンの日本代表部と本国政府の暗号電報をすべて解読していた。結果、東京駐在のW・R・キャッスル米大使は、日本国民の対米感情を憂慮し、日本側の主張をできるだけ尊重するよう本国政府に懇請していた。

軍縮会議は難航した。

しかし、昭和五年三月十四日、次のような妥協案が成立し、若槻主席全権から浜口首相に、調印に関する請訓電報が届いた。

一、補助艦艇保有率対米六割九分七厘五毛

二、大型巡洋艦保有率対米六割

三、潜水艦保有量五万二七〇〇トン

なお米国は、大型巡洋艦三隻の起工を昭和十年まで遅らせることを付言した。要するにそれまで、大型巡洋艦対米保有率七割となるのである。

この数字が示すように、米国は日本側の主張に相当配慮している。またこのころ、我が海軍の技術水準は、国際水準をかなり上まわっており、英米同型艦の二〇パーセントを上まわる打撃力を有していた。さらに潜水艦の不足も、上限のない航空兵力の開発でカバーできることが、ある程度認識されていた。

一方、日本海軍の知性派は、工業力十倍以上の米国が、その気で建艦に乗りだせば、日本はその六割さえ維持することが困難であると認識していたのである。

浜口首相から、この提案を打診された加藤軍令部長は強く反対した。

「大型巡洋艦の保有率と潜水艦保有量が納得できない」というのである。

また末次軍令部次長は、「海軍当局の意見」として、東京の某新聞に調印反対の意見を発表し、国民に、あたかもこれが海軍を代表する意見であるかのような錯覚をいだかせた。明らかに職務権限を逸脱している。

「もし、我が国がこの案を否決するならば、会議は決裂し、各国はまた軍拡の悪夢にさらされる」

こう考えた浜口総理は、同条約調印に生命を賭す覚悟であった。そして、海軍次官山梨勝之進中将（当時）以下の海軍省側は、総理の信念を解し、同条約調印止むなしと結論していた。

ここで海軍省と軍令部がことごとく対立した。建軍以来初めて、海軍が分裂したのである。山梨次官は、ロンドンにいる財部海軍大臣に、海軍の分裂を防ぐべく親電を発するとともに、岡田啓介大将らと軍令部の説得にあたった。しかし軍令部は承諾しなかった。しかも末次軍令部次長は、都内の某新聞社を買収して、

「キャッスル駐日大使が、日本の有力新聞社に賄賂を送り、府内言論界を懐柔して米国案に賛成させようとしている」

という流言を流し、告訴されるという事件さえひき起こしている。

岡田大将や山梨中将は、加藤軍令部長を必死に説得した。

四月一日、加藤軍令部長はようやく承諾した。そして同条約の調印が閣議決定される運び

になった。ところがこの閣議が開催される朝になって、加藤が突然意を翻し、さらに天皇に奏上しようとしたのである。

これは侍従長鈴木貫太郎大将に阻止され、岡田大将や山梨中将が再度、加藤軍令部長の説得にあたって、同条約は四月二十二日、ようやく調印されることになった。

実は加藤の言動を操っていたのは末次次長であった。加藤は末次に突きあげられて、その後も意見を二転三転するのである。

では海軍大臣の財部大将はこの時どうしていたか？　ここがポイントで、この財部の統制力が弱体だったため、このような結果になったのである。そこには、ワシントン軍縮会議で海軍大臣加藤友三郎が見せた統卒力や卓見がまったく見られなかった。

さて、条約は調印されたが、これを批准発効させるためには、政府は三つの段階を踏まなければならない。つまり、一、議会の承認を受ける、二、軍事参議官会議に諮問する、三、枢密院の審議を受けることである。

しかし、これを政争に利用する手合があらわれた。政友会の鳩山一郎（鳩山由紀夫氏、邦夫氏の祖父）、犬養毅らである。彼らは民政党の浜口総理が実現した軍事費の削減や、国際協調の功績をたたえるどころか、

「浜口首相は、兵力量決定にあたり、軍令部長の意見を無視し、統帥権を干犯した」

と大熱弁をふるったのである。

有名な「統帥権干犯問題」が、ここに発生した。

このため、四月二十三日開催された第五十八回特別議会は騒然となった。また、マスコミが政友会の主張を支持する記事を書きたてたため、世論も硬化した。右翼や訳の解らぬ青年士官が浜口を激しく攻撃し、浜口は政治的に孤立した。結果、浜口は右翼青年に東京駅頭で重傷を負わされ、それが原因で翌年死去する。

当時、憲法学者のほとんどが浜口のとった行為を支持していた。つまり憲法解釈上も合憲であったのである。政敵を倒すためには、手段をえらばない昭和政界こそ、永久に非難されるべきである。

以後、海軍部内でも軍令部が権限を拡大し、軍令部条例が改正され、これに伴って、海軍省側に荷担した親英米派の提督たちが次々と海軍を追われていったのである。

昭和六年、浜口の後を継いだ民政党の若槻礼次郎は、国際協調を政策課題として、中国内戦にも不介入を明言していた。しかしこの政策を不満とする陸軍や官僚、右翼のエネルギーは、暴発寸前にあった。しかもこのとき、国民大衆の中国観も極めて悪かった。

この一因が、「南京事件」である。

昭和二年、北伐の途中、南京に入城した国民党（政府軍）の兵士が列国領事館に乱入し、居留民に乱暴するという事件が発生した。このため、列国軍艦がこれら暴徒を制圧するため、城内に艦砲射撃を行った。

しかし我が海軍は、政府の訓令に従って発砲しなかった。しかもこのとき、中国軍陸上砲台より我が艦艇は攻撃を受けたが、応戦しなかったのである。

それればかりか今度は暴徒が日本領事館に乱入し、避難中の邦人婦女子を凌辱した。しかし、同館護衛の任についていた海軍陸戦隊指揮官荒木亀男大尉は、政府訓令を墨守して、無抵抗で彼らに暴行を許したのである。後に、荒木大尉は、その責をとって拳銃自殺をはかった。国民は荒木に大きく同情した。また、対中国強硬策を主張するようになった。

昭和六年の三月と十月、若槻内閣に不満をもつ右翼や陸軍急進派がクーデターを計画し、検挙された（三月事件と十月事件）。しかし、いずれの処置も曖昧にされた。

一方、南満州に展開する関東軍は、昭和六年九月十八日、柳条溝で発生した鉄道爆破事件を口実に、独断で張学良軍を攻撃し、満州全土を制圧した（柳条溝事件）。

若槻総理は、直ちに不拡大の方針をうちだしたが、関東軍は独走した。しかし、ここで日本の新聞は関東軍の行動を支持する大キャンペーンを展開したのである。

無理もない。日露戦争の勝利により、満州における我国の権益はロシアより我が国に譲渡され、国際条約で認められていた。ところが、米英の支援を受けた張学良軍がこれを侵害し始めていたのである。

国民の間に「満州は日本の生命線」というフレーズが定着し、やがて小学生にまで陸軍献金の動きが起こる。

ところで浜口内閣のころ、国家財政は逼迫していた。そこで浜口は、金解禁（現在の円高政策）と官吏減俸を断行して、財政赤字を是正しようとした。ところが前者は失敗して不況を拡大、後者も官僚の反対にあって挫折した。

浜口の後をうけた若槻は、今度こそ行政改革を断行しようとしたが、これも各省官僚の抵抗にあって頓挫したのである。

昭和六年十二月、若槻内閣はついに総辞職した。

今度は、政友会の犬養毅が組閣した。犬養は当初、粛軍的《しゅくぐんてき》な政策をとったものの、次第に軍部、特に陸軍に協調するようになる。

犬養首相は、浜口内閣以来の金輸出を再禁止するなど、財政再建を図った。ところが、これも思うにまかせず、国債増発による財政赤字は拡大の一途をたどるばかりであった。ところで、国内の治安も陰険な局面をむかえていた。貧富の差は拡大し、小作争議や労働争議も頻発していた。昭和六年には、東北、北海道地方が飢饉に見舞われ、飢餓人口は五十万を超えた。さらに翌七年には、この地方に大洪水がおしよせ、ついに餓死者が続出した。

しかし政治家は政争にのみ走り、財閥の独占態勢は拡大する一方であった。また野党は少数政党に分裂し、政策決定に何ら関与できなかった。恐らく、よほど不真面目な国民でない限り、この世情を憂えない者はなかったであろう。

こうした世情の中で、五・一五事件が発生した。

昭和七年五月十五日、「国家革新」を唱える海軍青年将校が首相官邸を襲撃、犬養首相を射殺した。犬養が「満州国の承認は、ワシントン条約（九カ国条約）に反する」として反対したのが第一原因であった。しかし国民大衆は、この青年将校に同情した。そして、彼らへの減刑嘆願書は、実に百十四万八千通にも達したのである。

「政治家よりも、青年将校の方が真剣に国を憂えている」

国民大衆はそう信じるようになった。

シビリアン・コントロールを公表す

昭和七年五月二十六日、海軍大将斎藤実が組閣、九月十五日に満州国を承認すると、米英を主とする九カ国条約締結国は、いっせいに日本非難を開始した。

昭和八年になると、我が国は国際連盟で孤立し、日本代表部は、ついに連盟を脱退した。

このころ漢那は五十六歳で浪人中であった。というのは、昭和七年二月に行われた第十八回選挙で落選したからである。

昭和八年、その漢那が「文藝春秋」に二つの論文を発表している。一つは「所謂統帥権干犯問題」と題するもので、ロンドン軍縮条約批准に関して浜口首相を支持し、またこれを口実に、五・一五事件をおこした青年将校を非難している。あと一つは「岡田前海相の挂冠に就いて」というもので、国家予算編成上の軍部独走を非難し、陸海軍大臣の文官制、つまり、シビリアン・コントロールを主張しているのである。

これから三年後、漢那が予告したとおり陸海軍とも議会を無視した予算獲得競争に奔り、政府の国家予算上の統制がとれなくなってくる。

時代が時代だけに、これには相当の度胸を要したことだろう。その後、漢那は退役将官会「洋洋会」から除名処分を受けている。

長文ではあるが、ここにその全文を掲載することにした。本稿を読まれる前に、ぜひ念頭においていただきたいことがある。

それは、「岡田前海相の挂冠に就いて」という論文に関することであるが、犬養内閣の後に組閣した斎藤内閣で海軍大臣をつとめた岡田啓介海軍大将は、停年を理由に大臣の椅子を大角岑生海軍大将（海兵二十四期）に譲った。しかしその直後、海軍リベラル派としてロンドン条約締結を推進した山梨勝之進海軍大将、左近司政三中将、堀悌吉中将らが予備役にされている。

いわゆる、大角人事といわれるもので、それは、「親英米の府」として存在した海軍にも、変化が訪れていることを意味している。

所謂統帥権干犯問題

漢那憲和

目下進行中の五・一五事件の公判の記事によると、被告等は倫敦《ロンドン》海軍条約の締結を以て統帥権の干犯なりとなしその局に当ったものを極度に非難し事件の動機を之に帰して居るようである。而して此記事を読む一般民衆は、被告等の純情に感激せるの余り不知不識其の行為を是認し、延て統帥権干犯問題に就いても、彼等に共鳴するようになるかの憂慮を識者に抱かしむるに至った。

抑、倫敦海軍条約はその当時国民の与論を以て是認せられたものである。それ故にこそ故浜口首相の枢密院に於ける健闘に対しても感謝を以て送迎したのであった。統帥権干犯問題の如き、一部軍人の思い過ごしと、之を党略に悪用した一部政党者流の言議であって、断じて世人の共鳴を得たものではなかったのである。新聞紙が公判記事を発表するに際し、以上の事情を考慮に入れたならば今少し書きようがあったろうと思うのであるが、併し是は今日の新聞紙には少々無理な注文かも知れない。そこで私は簡単ながら本問題について感想を述ぶるの必要を感じるのである。

故浜口首相は議会の答弁に於て、国防の責任は政府之を負うと明言しているが、問題の発端はこの国防ということにありと思う。そこで国防の意義を検討せねばならぬが、之には広狭二義あり、広義の国防とは国軍の兵額編成装備運用等は固より国家財政国民経済国際関係や国家の使命等あらゆる角度から考察されたものであり、狭義の国防とは右の内の国軍の運用即ち用兵の一点に限られたものである。

故浜口首相の見解は右の広義の解釈に拠ったもので、正に妥当である。然らば軍令部には国防上の責任はないのか。軍令部に国防上の責任なしとするは政府に国防上の責任なしとするのと同様に、常識上考えられぬことであって、狭義の解釈即ち用兵上より見たる国防に就いては軍令部は当然責任を負わねばならぬ。私は之を憲法第十一条統帥大権の輔翼と解釈するものであって、之に対しては政府に輔弼《ほひつ》の責任なしとするのが一般に是認せられた伝統的解釈である。

所が用兵とは単に当てがわれたる兵力を運用するに止まるものであるかと言うに、国防上の用兵と言う以上兵力を用いて戦争に勝つことであり、戦争に勝つことは相手によりて如何程の兵力で如何に編成し如何に装備し給養して行かねばならぬかと言うことを考えずしては到底出来るものではない。於是乎、軍令部が国防上自分に課せられた責任を果たさんとすれば、予め兵額編成装備給養等を自分の希望とする所と一致せしむるよう努めねばならぬ。即ち憲法第十二条編成及常備兵額決定の大権は広義の国防が政府の責任である関係上、国務大臣の輔弼に待つべきものであるが、軍令部長も亦間接に輔翼《ほよく》し奉らねばならぬこと明瞭と言わねばならぬ。そこで政府は軍令部をして其の責任を全うせしむべく此等の諸項に就きその意見を最大限度に尊重せねばならぬと同時に、軍令部も亦必要以上に其の要求を政府に強要してはならぬのである。

統帥権干犯問題が片づいた後、軍事参議官会議に於て兵力量の決定に就いては従来通り政府と軍部と意見一致たるべきことと云う覚書を作ったと噂せらるるが、是も如上の意味に解釈すべきだと思う。若しそれ兵額編制換言すれば兵力量の決定について政府と軍令部と意見を異にする場合には、聖断を仰ぐと言うことが考えられぬではないが、併し斯様な畏多いことは四囲の情勢や事柄の緩急を考察し両者周到にかつ坦懐に協議する場合、断じて有り得べからざることで、事の此に到る前に政府は責任を以て処置すべきである。

以上の原則論を倫敦海軍条約の実際に当て眺めて見ると、条約の兵力量を政府が責任を以て決定し之に対し軍令部長が不同意であったことは事実である。政府は軍令部長の意見を充分に尊重し慎重に考慮したのであるが、若し軍令部長の意見に従えば会議は決裂の外なく、この重大なる結果を憂慮すればこそ全権の一人にして而も軍部の代表者たる財部海相――この場合、財部氏が武官大臣なるが故に殊に意味深し――が請訓案に署名したのである。之を思うとき政府が軍令部長の反対あるに拘らず敢て最後の断案を下したのは輔弼の責任上当然の処置であって、故浜口首相が軍部の意見を参酌したと言うた所以である。

抑所謂三大原則は国防上の基準であるから、我が全権が極力之が達成に努力すべきは当然のことである。

併し国際会議には相手国がある。我が主張に一から十まで相手国を服従させることは不可能である。然らば我国は此等三大原則が悉く認められなければ、会議決裂差支なしとの最後の肚をきめて居たであろうか。若槻全権から最後の訓令を仰いで来た所を見ると左様な肚はなく会議は是非まとめねばならぬ、そして三大原則は出来るだけ達成に努力すると言う位の所で閣議も成立し全権への最初の訓令となったことであろう。また国民の与論も此に在ったのである。此の事は軍令部長も承知の筈で、よもや決裂しても構わぬから押し通せと謂う程の強硬意見でもなかったろうと思う。然らば結局、今一押し二押しせなかったのが悪いと言う位の所であって之を以て統帥権の干犯と称するには当らないのである。

それにつけても倫敦《ロンドン》会議中の財部全権の遣り口には、実に遺憾の点多きを感ずる。彼は大臣であり、全権である。縦令身は倫敦に在っても、彼にしてしっかりして居れば、軍令部と海軍省との間にあのような見苦しい紛糾を生起させはしなかったろう。否更に進んでその国外に使する前に能く海軍部内と政府部内との連係を保たしめ自らしっかりと国策を把持すると共に部内にも徹底させたならば、あのような問題は起らずに済んだのではあるまいか。華府《ワシントン》会議のときも、部内の一部には不平不満のものがあったが、加藤、島村の協調は克く事なきを得せしめた（第二章「日米戦争の開幕」参照。島村とは加藤友三郎大将と同期で、当時、海軍軍令部長の島村速雄大将のこと）、浜口内閣成立のとき財部氏海相たらんとする噂を耳にし、敢て尊厳を冒して故浜口総裁に或種の進言を為した私は、統帥権干犯問題が起ったとき特に感慨を禁ずることが出来なかった。

（『文藝春秋』昭和八年十月号、傍点筆者）

シビリアン・コントロールに関する論説

岡田前海相の挂冠に就いて

漢那憲和

　岡田海相が病気の故を以て挂冠されたのは実に現内閣の為にのみならず国家の為に誠に惜むべきことである。同大将が海軍の先輩として将又政治家として内外に重きをなして居られたことは敢て私の喋々を要しまい。併し後任に大角大将を得たことは誠に結構な事と思う。特に同大将が従来政治的に岡田大将と略同一の経路を通って来られたことは現内閣（斎藤内閣）に取って重大なる役割を期待せらるるように思う。世間の一部には五・一五事件当時の責任者たりしと言う理由で今度の再任を非とするものもあるやに聞くが同大将は当時同一の立場にありし荒木陸相が辞職を決意（？）して後任者までも推薦しながら、如何なる理由か中途にして留任したのと異り、あのとき立派に責を負うたのであるから、今度再び衆望を負うて起つに何等差支ないのである。そこで唯是だけのことであれば吾々は去るものを惜み来るものを迎うるの歓喜に浸って居ればよいわけであるが、私が特に本題を揚げて愚見を述べんと欲するは何の為であるか。

　噂によれば岡田大将の挂冠は病気の為もあるが単にそればかりではない。同大将が近く停年に達して現役を離るることになるので離現役軍人を大臣に戴くことに対する部内の空気険悪なるに動かされたことも亦一半の理由だと言うことである。而してこの噂は私が最近部内の友人と話し合ったときの模様によりて裏書きさるるように思う。

私は元来軍部大臣文官制を可とするものである。岡田大将の健康にして之を許さば現に官制の規定に依り離現役のまま留任して毫も差支ない。否此際進んで離現役大臣の先例を造っていただきたかったのである。かつて華府《ワシントン》会議中高橋是清氏が又倫敦《ロンドン》軍縮会議中故浜口雄幸氏が臨時海相事務管理をした例もあるではないか。同大将が自ら離現役大臣を非とせられたか、或いは部内の空気に動かされて挂冠を余儀なくされたか、何れにしても誠に遺憾千万である。

私の文官制を可とする論拠は憲政の運用上国務大臣は連帯責任を以て進退を共にせねばならぬ。それには軍部と言う特種地域を設けて軍部大臣に治外法権的行動の自由を与うることは宜しくないと言う点にある。

軍部側から言えば大臣に武官を戴くことはその要望を達成する上に極めて好都合である。併し是は動もすれば内閣崩壊の主因となる恐れあること往年西園寺内閣に於ける二個師団問題の例（第二章「落馬する大正天皇」参照）が明示している。軍部の要望を斯る直接行動に依ってでなく憲政の常道によりて達成せらるべきである。

軍部大臣は官制上軍人を監督するから文官ではいけないと言う説があるが、是は感情論で深く拘泥すべきではないと思う。

軍部大臣はまた軍機軍略に関与するから文官大臣では此等が漏洩する恐れありと心配

する向もある。是は近頃政党の信用殆ど地に墜ち政治家と言えば党略の為に国家を忘れるものの如く世間一般から思意されている際、一応無理ならぬことであるが、併しもしも国務大臣とし輔弼の重責に任じて居るものが、皇軍の機密を漏らして国家に不利益を与うるようなことをするとは何としても考えられぬことで畢竟杞憂に過ぎぬのではあるまいか。しかも従来党略の為に外交上の機密にわたることを論議するとの非難を与党側から野党側に浴せるを聞いたことはあるが、此種の非難を往々にして自己の失敗を蔽わん為の手段に用いられたことも鮮からぬことを想起する。

以上文官大臣制に対する反対論に深き根拠なきを略述したのであるが、併し私と雖も、無条件に文官制を謳歌するものではない。文官大臣が万一職権を利用して作戦用兵のことに容喙《ようかい》しまた恣に軍人の任免黜陟《ちゅつちょく》を左右せんとするようなことがあっては統帥権を紊《みだ》り軍紀を弛廃し士気を阻喪せしむる基となり由々敷大事である。此種の事例は国史上に於ては遠く源平戦時代長袖者流の盲動に見外国に於ては近く世界大戦の際英国海軍のダーダネルス要塞攻撃の失敗に鑑みることができる。この憂患を防ぐ手段として文官大臣が作戦用兵に容喙することを厳重に禁止しまた軍人の進退については必ず軍令部長または参謀総長の同意を要する制度を確立せなければならぬ。現在海軍省と軍令部及陸軍省と参謀本部の間に、此等に関する或程度の事務交渉規約はあるようだが、その内容に不充分になる点あると共に権威ある制度でない憾あるを免れない。

以上の所見は本問題の理論的及実際的方面の論述として、固より不充分であるが、現下所謂非常時局として軍部の遣り口に対しては世間一般が遠慮勝ちである際、率直に愚見を開陳して識者の考慮を煩わすこととした次第である。

（「文藝春秋」昭和八年三月号、傍点筆者）

沖縄丸の船頭

人材育成

話は前後するが、昭和七年に言及する。

昭和七年二月二十日、第十八回総選挙で次点で落選した漢那は、東京小石川の借家で再起を期していた。近所には、伊《い》江朝助《えちょうすけ》（貴族院議員）や神山政良、東恩納寛惇という県出身知名士が住んでいた。

このころ行儀見習いとして漢那家に起居していた姪の川田静子は、次のように語っている。

「朝、先生は必ず五時に起床し、約一時間ぐらいかけて身だしなみを整えておられました。そして、書斎にこもって、ひたすら読書されるという生活を過ごされていました。御家の方と顔を会わされるのも、食事の時ぐらいでありました」

「非常に厳格な方で、朝寝をされることもまったくありませんでした。その頃私は朝寝をしたことがありました。そのため三十分正座させられ、厳しいお叱りを受けました。また、私が外出するときは、必ず行き先を告げ、許可を得なければ出してもらえませんでした」

「一度、茶わんを割ってしまい、『茶わんが割れました』と言いましたら叱責され、『茶わんに足があるのか』と言われました。それで私は、かけらを集めて正座し、『私が悪うございました。茶わんを割りました』と申してようやく許されました」

川田が約四年の東京生活を終えて帰郷したとき、漢那夫人から一通の手紙が届いた。

それには、

「漢那は、貴方が可愛いから厳しくしたのです。どうか、お恨みになりませぬ様に」

としたためられていたという。

同じころ、同家に出入りしていた渡名喜千代も、漢那家の躾教育に感嘆している。とくに食事のときなど、未だ幼い四女緑（当時三歳）までが、姿勢を正し、御飯をこぼすことなく食べていたということである。

ところで漢那家には、沖縄の素封家の子女がよく出入りしていた。元来、沖縄では躾教育は軽視されがちである。したがって、そこに出入りする娘たちの言動にも、不備な点がよくあった。

そこで夫婦は、ことあるごとに彼女たちを教育していたという。

渡名喜千代は、また、こう語っている。

「御夫妻は、女性のたしなみについて、ことこまかに指導しておられました。中には、御夫妻から指摘されることに耐えきれず、来なくなる方もいました」

「私は、その後、渡名喜（元海軍大佐）と結婚して、オランダに住みました。当時、海軍士官や外交官の夫人は、ほとんどが著名な女子大出身者でありましたが、沖縄高女出身の私は、何ら引け目を感じることはありませんでした。ひとえに、漢那先生御夫妻の御指導があったからだと思って感謝しています」

渡名喜千代が駐在武官夫人としてオランダに渡ったときは、弱冠二十六歳であった。そのとき、オランダ駐在の石井公使は、単身赴任しており、千代夫人は公使夫人代理として、日蘭親善に活躍したのである。そしてオランダ政府は、渡名喜夫妻にオランエナッサウ三等勲章を贈ってその功績を称えている。

漢那には、もう一つの顔があった。

ヨーロッパナイズされたところがあって、レディーファーストの面があった。とくに夫人を呼ぶときなど、「あなた」と呼んでいたのである。

当時、軍人出身亭主が妻を呼ぶときなど、「オイ」とか、「コラッ」と呼んでいたころである。

ところで、近くには、旧藩主の尚家が出資して創った寄宿舎「明正塾」という県出身学生の寮があった。漢那も、海軍退役前後からその顧問をつとめている。

塾は経済上の理由から、昭和八年閉鎖されたが、ここからは多くの人材が生れている。当時の塾生には、

比嘉秀平　早大英文科在校、戦後、琉球政府行政主席
田端一村　国学院大在校、後、県立一中教諭、沖縄戦にて戦死
田港朝明　国学院大在校、戦後、沖縄石川高校校長
照屋秀夫　高等師範在校、後、沖縄女子師範教諭、沖縄戦にて戦死
宮城《みやぎ》桃郁《とういく》　東京医専在校、後、海軍軍医中佐、戦後、天理市で病院設立
稲嶺一郎　早大政経学部在校、戦後、参議院議員、勲一等瑞宝章受章

らがいた。

この中で漢那は、稲嶺一郎をとくに可愛がり、昭和七年十月、稲嶺が恩師、西村眞次早稲田大学教授の娘婿となったときは夫妻で父母代理をつとめている。

稲嶺は大学卒業後、南満州鉄道に入社、昭和十九年二月、インドネシア日本海軍武官府軍政官として出向した。戦後現地で同国の独立運動を支援、その功績によりインドネシア国最高勲章ナラリア勲章を授与されている。

稲嶺は、漢那のことをこう回顧している。

「先生は非常に正義感が強く、根性のある人でありました。博学で、とくにすぐれた史眼をもっておられ、私の青春時代に最も影響を受けた師であります」

また、宮城桃郁は漢那をこう語っている。

「空手のことで印象を深くしたことがあります。大正十四、五年のこと、明正塾の集会場で富名腰義珍先生主催の空手の会がありました。型や巻わらや瓦割りの妙技が終ったあと、漢那先生がお立ちになって、『空手は現在のような型だけの稽古では、発展性がないのではあるまいか、将来は柔剣道と同様、試合の形式を加味してその行きづまりを打開せねばならんと思う』と語られ、『型だけでは変化が乏しい、しかし、実戦（試合）となれば柔剣道とちがってあたり所が悪いと命にもかかわってくる。それで、実戦をしこむということは大変むずかしいことであろうが、どうか皆さん富名腰先生を中心にこれを打開するように稽古して下さい。そうすれば、空手は沖縄だけのものでなく、日本の、いや世界の空手へと発展していくだろうと思います』と発言されました。

今日における空手の発展は昔日の比ではありませんが、その根底には漢那先生の御着想と御意見が大きく寄与していると思われます」

漢那は時々、塾生を招いて膳を振舞うこともあった。苦学力行の彼らに、漢那は慈父のように慕われた。

昭和六年、漢那を喜ばせることがあった。

県出身の渡名喜守定海軍大尉が、海軍大学校に合格したのである。実に、漢那以来、二十五年ぶりのことであった。

「オレは、少将までしかなれなかったが、貴君は、是非、大将までなってくれ」

と、漢那は、口癖のように語っていた。渡名喜はこれに応えて海大を恩賜で卒業した。

男子のいない漢那は、渡名喜を我が子のように可愛がった。とくに四女緑が誕生したころ、漢那と渡名喜が交互に子守りをしたり、ミルクを調合するという、ほほえましい光景が見られた。

しかし、この渡名喜も、漢那が例のシビリアン・コントロールを公表したときには、流石にショックを受けた。

とはいうものの、渡名喜は、漢那の影響をかなり受けている。

その後、オランダ駐在武官勤務を命じられ、渡名喜は激動のヨーロッパへ発ったが、武官在勤中、海軍大臣へ三国同盟締結反対の電報を発したり、オランダ政府にヒットラーの侵攻を予告したりして、彼らから相当な信頼を得ていたのである。

渡名喜は、オランダ政府から贈られたオランエナッサウ三等勲章を戦災で失った。ところが、オランダ政府は戦後これを再交付して、その功績をたたえている。また渡名喜は、戦後、米軍施政下の沖縄で、日本人で唯一人、米軍にものが言える人物として、その主権回復に多大な功績を残している。

天皇陛下と元御召艦艦長

我が国にとって、昭和初年とは実に不運な年であった。江口圭一は、その情況を著書『十五年戦争の開幕』で次のように述べている。

「農村の窮乏は、一九三一年（昭和六年）から三二年にかけてますます深刻となっていった。

とくに三一年に冷害による未曾有の凶作に見舞われた東北、北海道は、同年末から三二年にかけて飢饉におちいった。飢餓人口は青森県十五万人、岩手県三万人、秋田県一万五千人、北海道二十五万人、計四十五万人近くに達するとみられた。（中略）石黒英彦岩手県知事は三二年七月十八日の地方長官会議で、『一日一食となる傾向あり。電灯は点ぜず、又役場吏員、学校教職員等の給料の不払多し』と県下の事情を報告した」

「歩兵第三一連隊に召集された岩手県出身兵のうち、身体が弱く勤務演習にたえず、帰郷を命ぜられたものが二十一名を数え、軍当局を驚かせた（中略）欠食児童や娘の身売りが続出した」

昭和七年（一九三二）、今度は、同地方を大洪水が襲い、ついに餓死者が続出することになった。

一方沖縄は、政府の緊急援助で財政破綻を救われたものの、昭和五年、六年と大暴風雨に見舞われ、農作物が壊滅的打撃を受けた。

昭和七年五月、横死した犬養の後をうけて、海軍大将斎藤実が組閣した。そして、斎藤のもとには、こうした窮情を訴える陳状団や嘆願書が殺倒していた。

このようなとき、全国地方長官会議が行われた。そのとき天皇は、各長官（知事）を宮中に招いて午さん会を催された。出席者は、いずれも自己紹介のみという指示が達せられていたが、天皇は、井野次郎沖縄県知事に対し、現状について特別に御質問され一同を驚かせた。

井野知事は、「大阪朝日新聞」の記者に、その模様を、こう語っている。

「……私に対しては特に御下問がありましたので、沖縄県の産業も幸い各方面からの援助により次第に立ち直って参りましたが、特に今回大規模なる産業振興計画を樹て、目下政府にその承認を要望して居りますが、成立の際には沖縄県産業は節目を一新することを信ずる旨奏上致しました。

更に昨年、宮古、八重山方面の暴風雨の際は早速、御内帑《おないど》金を賜わった御礼を申し上げ、その後政府からの補助金も与えられて益々、復興の実を挙げている点を奏上して退出いたしましたが、畏くも、陛下にはいと御満足げに御肯き遊ばされました。

陛下がよく辺地の民にまで常に大御心を注がせられる有難き聖慮にはただ感激のほかありません」（昭和七年一月十五日朝刊、傍点筆者）

そしてこれは、「沖縄県政につき、特に有難き御下問、井野知事より奉答」という見出しで県下に報じられ、県民を感激させることになった。

井野知事は、天皇が沖縄に御関心を深めておられるのに驚いている。

ところが、ここに、天皇に直接、沖縄をお伝えすることのできる人物がいた。

漢那である。

天皇は、御外遊の日を記念して、毎年三月三日、当時の関係者を宮中に招いて午さん会を催されていた。そのとき天皇は、ことのほか漢那に思いを深くされ、いろいろ御声をかけておられたのである。

漢那も著書にこう述べている。

「普通、賜餐の場合は御食事が御済みになると、御退席遊ばすのであるが、この時は御庭に降りたたせ給い、会員の中に御入り遊ばされ、種々御下問なり御話を賜わるので、その有難さもったいなさ、辛酉会員一同真に骨髄に徹するのである」

辛酉会とは、御外遊のとき、供奉した宮内省高等官や艦隊士官が集って作った会である。陛下は、このように沖縄に御立寄りされて以来、強い関心を示されていた。そして大正十四年（一九二五）には、弟君の秩父宮殿下を、翌十五年には、高松宮殿下を御遣わしになった。また、陛下は、台風の被害が甚大なるときには、台風救恤金として御内幣金の一部を御送りになったのである。

海軍内閣と沖縄振興開発法

『続沖縄の歴史』（佐久田繁編）に次の記述がある。

「この頃（昭和初年）の政府高官は大変な権勢で知事は大臣や次官にはちょっとやそっとでは会えず大抵局長止まりであった。また、この局長も知事の経験者だから頭が上らない。さらに、総理ともなると雲の上の人で沖縄関係者で総理に会えたのは、大正末期、地元三銀行の破産で憲政会代議士だった護得久《ごえく》朝惟《ちょうい》が銀行の重役達を加藤高明総理に紹介した一回きりだった」

大正十三年（一九二四）、沖縄県には、「経済振興会」というものが発足していた。これは、沖縄の経済発展のため、国会請願や経済研究を行うという民間団体である。

ところが、これは組織力が弱く、大した効果も生んでいなかった。またこのころ沖縄県では、県都那覇、首里を除く九〇パーセントの町村が、家内工業的サトウキビ栽培、黒糖製産のみを生業とする零細農家であった。

そこで漢那は、沖縄経済発展のため、鉱工業など生産基盤の建設を主張して、井野県知事や県出身国会議員によびかけ、「沖縄振興開発」と題するプロジェクト運動を開始した。

昭和五年（一九三〇）十月、知事は、漢那とともに各省庁をまわって、この振興計画の必要性を力説し、丁解を得た。この計画案は、台湾鉄道の竣工で活躍した照屋宏の賛同を得、さらに、県庁スタッフの尽力で、予定より早く完成したのである（昭和六年五月）。

同じころ、照屋は那覇市長に当選すると各市町村長や各種産業団体役員によびかけて、「沖縄振興促進期成会」を組織した。

そしてこの計画案を国会に請願すべく、本格的な運動が開始されたのである。

ここで、漢那に幸運が訪れた。

昭和七年（一九三二）五月、海軍大将斎藤実が組閣し、昭和九年にその後を海軍大将岡田啓介が継いだのである。

両提督とも海軍のリベラル派で、漢那も青年士官時代から薫陶を受けていた。とくに岡田は抜きんでた政治力を有しており、彼が斎藤内閣の海軍大臣に就任したのは、漢那にとって二重の喜びであった。

岡田は大正十五年（一九二六）、高松宮に御供して沖縄を視察している。そのとき漢那から、沖縄の窮状をつぶさに聞いていたのである。

ところが漢那は、この運動に熱中し過ぎたのか、第十八回総選挙で落選した。しかし漢那に幽棲の日々はなかった。

県人で首相公邸にフリーパスで入れるのは、漢那一人であった。総理秘書官もそれをわきまえていて、漢那を優先して総理執務室へ通していた。また、漢那に帯同された陳情団が各部局をまわっても、各部局長は大いにこれを尊重した。

こうして内務省は、沖縄県提出の県振興十五カ年計画案を無修正で内務省案として可決した。そして、昭和七年八月十一日には、閣内に「沖縄県振興計画調査会」を設置した。

以後、十月、十二月と会議が催され、同案を一部修正した後、十二月六日、閣議で正式決定されたのである。

しのびよる暗影

民政党総務

かつて那覇に、金城光夫《きんじょうみつお》という高名な按摩がいた。生前金城は、「漢那は、沖縄が生んだ最大の人格者だ」と発言し、よく次の話をしていた。

　国政選挙が近づくと、輸入候補が大金をもって沖縄へやってくる。輸入候補とは、選挙の期間だけ沖縄に転籍し、県民を買収して代議士に当選するというものであった。

　このときも、那覇港に輸入候補がやってきて、迎えの秘書に船側ごしにカバンを渡そうとした。ところが、誤ってこれを海中に落してしまった。カバンには相当の現金が入っていたらしく、港は大騒ぎになり、潜水夫を頼んで海底を捜させたが、とうとう発見できなかった。

　この情景を見ていた漢那の側近が、金城から按摩をとっている漢那のところへかけてきて、

「今日は愉快なことがありました……」

と、その顚末を話しはじめた。

　すると、話を聞いていた漢那が、

「人の不幸を喜ぶでない」

と一喝したのである。

　資金ままならぬ漢那ではあったが、対立候補を誹謗したことは一度もなかった。

　昭和十一年（一九三六）一月二十一日、岡田内閣は議会を解散し、総選挙を行った。そこで約四年の浪人生活を過した漢那は、再起を期して万全の構えをとったのである。また、従来行われた選挙運動の転換を図っていた。とくに、「お高くとまらずに、もっと歩け」と直言する者がいたため、漢那は、これを素直に受け入れた。

そして、遊説には夫人を同伴することにし、離島をもくまなく遊説することにしたのである。沖縄の地元でも、漢那を再選させるため各地で決起集会が開かれた。首里、那覇の長老
や在郷軍人は、かつて漢那が落選したとき、「沖縄の恥だ」と、悲憤慷慨《ひふんこうがい》していたからであ
る。

一方、岡田内閣は、後藤内相を中心とする官僚指導型の選挙粛正運動を進めていた。

こうして、昭和十一年二月二十日、五十九歳の漢那は、第十九回総選挙に臨んだ。

果せるかな、二万三千五百七十二票を獲得、得票率三一パーセントをもって圧勝したのである。

漢那は、この喜びを記者にこう語っている。

「ただ感謝の心で一杯だ、最高点の栄冠をかち得たのは演説会が相当奏効したものと思う、ともかく粛正選挙のお陰で最高得点で当選し、うれしさ一杯だ」（「大阪朝日」昭和十一年二月二十四日朝刊）

さらに漢那は、昭和十二年に行われた総選挙で得票率三五パーセントという、沖縄選挙史上、空前の圧勝を果した。また、戦前最後の選挙となった昭和十七年（一九四二）の選挙でも、トップ当選を果した。

戦前戦後行われたどの選挙を見ても、県出身代議士で漢那の得票率を上まわった者はいない。しかもそこには、三期連続トップ当選という記録も見られないのである。

こうして、漢那の人格と実力は、中央でも不動のものとなり、民政党内部でも力をつけて、昭和十一年（一九三六）には民政党幹事、十三年（一九三八）には民政党総務に就任してい

る。また、十一年には樺太シベリア方面視察団団長、十二年には北支派遣軍慰問議員団団長（随員、赤城宗徳）等を歴任、昭和二十年には衆議院議長候補に推されている。

この間、昭和十四年（一九三九）、沖縄県出身最初の内務政務次官に就任し、県民を欣喜させた。

開戦への弾み車

昭和十一年十二月、本土沖縄間に無線電話が開通した。その開通式は在京の漢那と、那覇に住む母オトとの会話ではじまった。

七十七歳のオトは、電話のきりだしが「もしもし」とはじまることを、まわりから教えられた。するとオトは「憲和の幼名は、モウサーであって、モシではない」と答えて場内はさわやかな笑いにつつまれた。「申し」と、漢那の幼名のモウサーをまちがえたのである。

少し長くなるが、このころの世情について述べておこう。

昭和十一年当時の日本は、政界の腐敗ばかりでなく、軍部、とりわけ陸軍の内部抗争が顕在化していた。彼らは、主に統制派と皇道派という二大派閥に分裂していたのである。一方府内の料亭では、政財界人による酒宴が毎夜のように行われていた。

ところが東北、北海道の農村部では、貧困がますます深刻化し、農民は日一日をようやく暮らしている状態であった。

そこで、陸軍の青年将校の間には、この社会の退廃を、当時の政治家や高級軍人に帰結する者が多くなってきた。とくに、東北出身の兵を部下にもつ陸軍青年将校は、彼らに同情するあまり、天皇親政を前提とする日本型国家社会主義の建設を主張するようになってきたのである。

すなわち、「昭和維新」である。彼らはこの手段をクーデターに求めた。

昭和十一年二月二十六日、深夜、ついに彼らは決起した。

二十一名の皇道派青年将校に率いられた千四百八十一名の実動部隊は、閣僚を次々と襲い、陸軍省や警視庁を占拠して都市部を制圧した。

重臣の多くが彼らの凶刃に倒れていった。

総理　海軍大将　岡田啓介　（無傷脱出）
侍従長　海軍大将　鈴木貫太郎　（重傷）
内大臣　海軍大将　斎藤　実　（死亡）
大蔵大臣　高橋是清　（死亡）
教育総監　陸軍大将　渡辺錠太郎　（死亡）

当初、岡田総理の所在がつかめず、死亡説が流れたため、我が国は一時無政府状態に陥った。

ところが陸軍首脳部は、これを鎮圧しようとしなかったばかりか、彼らを「蹶起部隊」と呼称した。さらに真崎甚三郎陸軍大将など、かえってこれを利用して政権を掌握しようとした。

一方、三人の海軍大将を殺傷された海軍は激怒した。

横須賀鎮守府長官米内光政中将、参謀長井上成美少将（階級はいずれも当時）は、直ちに彼らを「反乱軍」と規定、陸戦隊を東京に派遣した。また軍令部総長（昭和八年九月二十七日、呼称改訂）の伏見宮は、演習中の連合艦隊を東京湾に向かわせるとともに、反乱車への艦砲射撃を検討していた。

まさに、日本は内乱寸前であった。

天皇は、海軍以上に憤慨され、陸軍大臣を御前に召されて鎮圧を命じるとともに陸軍の態度が煮え切らぬとみるや、自ら近衛師団を率いて鎮圧に向かうという強い御意志を表明された。

こうして、陸軍青年将校の暴走はようやく鎮圧された。そして、この天皇の御発言が、我が国を内乱の危機から救ったのである。

後日、特高が入手したコミンテルン情報の中に戦慄すべきものがあった。

「日本の国体改革は左翼思想をもってしては無理なるが、この右翼思想を加味し、特に青年将校に働きかければ容易なり……」と。

昭和十一年二月二十八日、岡田内閣は総辞職した。

続いて三月九日、文官の広田弘毅が組閣した。しかし、政党や国民の陸軍支持熱は高まるばかりであった。

海軍部内は、このころどのような情勢であったろうか。

昭和十一年一月十五日、政府はロンドン海軍軍縮会議から脱退を宣言、翌十二年よりはワシントン海軍軍縮条約も失効し無条約時代に突入することになる。

帝国議会内には、満州事変以降の国家予算の膨張に加え海軍までもが無制限軍備競争に突入する事への懸念が高まっていた。

漢那は予算委員会（昭和十一年五月十一日衆議院予算委員会会議録）において舌鋒鋭く永野修身海軍大臣に今後の海軍の軍備計画について質問し、「経済防衛」という文言を使用して、大艦巨砲主義からの決別を意見している。なおこの議事録は平成七年に公開された。

会議の主題は、極秘で建造計画が開始されていたはずの戦艦「大和」が、英国情報部に既に探知されており、四月三十日、「ザ・タイムズ」にそれが暴露されていた。従って予算委員会に於いて参加代議士から海軍予算の今後の計画について永野海軍大臣に質問が集中していた。

漢那は、海軍の今後の展望を質し、国家予算とのバランスを強調、「大和」建造へも反対を表明した。なおこの時代「大和」一隻の建造費で航空機が約六千機製造できたのである。

ところが永野海相は、この質問に回答せず詭弁を弄する。

「ワシントン会議は米英による量の制限、ロンドン海軍条約は質の制限であった」と発言し、「無条約時代が開始されれば、予算総額は従来と大差なく日本の国情に適した艦艇が建造できる」と発言している。

二人の白熱した議論を聞いていた畔田明代議士は、「どうも海軍大臣には甚だ失望致しました。併し強いて是以上伺いましても御返事がないと思います」と発言している。

漢那が昭和八年三月号「文藝春秋」に発表した軍部大臣の文官制すなわち「軍部と言う特殊地域を設けて（国家予算編成上）軍部大臣に治外法権的行動の自由を与うることは宜しくない」は、ここに於いて的中した。

この予算委員会に先立つ二十二年前、大正五年四月、漢那の盟友中島知久平機関大尉（富士重工創立者）は、すでに帝国海軍の大艦巨砲主義を批判し、航空兵力重視への転換を主張している。さらに前者が国家予算を圧迫することへの懸念も明言しているのである。

そのころドイツは、ベルサイユ条約で再軍備を禁じられていたが、昭和十年、再軍備を宣言、ラインラントに進駐した。また同じころ、イタリアはエチオピア進攻を開始した。

昭和十二年（一九三七）六月四日、日本では、近衛文麿が組閣した。

近衛組閣から三十三日後、七月七日夜半、盧溝橋で帝国陸軍部隊に国民政府軍が近接して演習中、突然帝国陸軍部隊が攻撃を受けた。日本軍は三度の銃撃を受けてもなお応戦を控えていたが、四回目にようやく応戦した。

帝国陸軍の駐屯は国際条約によるものであり、列国の軍もまた義和団事変以降、同方面に駐屯していたのである。ところが国民党軍は日本軍のみを攻撃して来た。

九日、帝国陸軍と国民党軍との間に休戦協定が成立した。ところが蔣介石はこの日、四個師団と戦闘機部隊を北支方面に集結させた。さらに十九日には同方面に展開する国民党軍は三十個師団を数えるまでに至った。

これでは現地日本軍は包囲殲滅される。

七月十一日、近衛首相は支那派遣軍に三個師団と二個旅団の増派を決定した。

一方、七月二十九日、今度は盧溝橋の東にある通州で冀東《きとう》防共自治政府の保安隊が在留邦人を惨殺、漢那の門下生で沖縄出身の元外務官僚満州国外交部部員の田場盛義《たばせいぎ》も惨殺された（通州事件）。

戦乱は上海にも拡大した。

八月九日、上海陸戦隊中隊長大山勇夫中尉（海兵六十期）が非武装地帯を車両で移動中、国民党軍によって惨殺された。さらに中国国民党は日本政府の抗議を無視し、十三日夜には在留邦人と帝国海軍陸戦隊二千四百人を十二万の国民党軍で包囲した。

こうなっては日本政府は拱手《きょうしゅ》傍観するわけにはいかない、我が国政府は高速艦艇で応援部隊を次々と中国に増派した。こうして昭和十三年十月二十七日の時点で中国に展開する帝国陸軍兵力は二十三個師団七十万人を数えるに至ったのである。阿片戦争以降、中国民衆は英国排斥運動を展開していたが、これが排日運動へと転換していった。

国民党は日本の行為を不当とするプロパガンダを世界に向けて発信し続けていた。結果、昭和十二年十一月三日、九カ国条約国会議は日本の行為を非難し、日本は国際社会で「侵略者」と誤解され、孤立するようになる。

ところでこのころ、我が国のマスコミは、いかなる報道をしていたであろうか。当時の新聞を見ると、満州事変以降、驚くほどの暴支膺懲《ぼうしようちよう》、軍部支持の論調を展開している。ここに、当時の県内新聞を一部掲載してみよう。

「支那事変二周年記念講演会七月七日晩、那覇市公会堂主催琉球新報社」（「琉球新報」昭和十四年七月二日）

「嗚呼、七月七日思い出も新たに事変二周年を記念し興亜大業の意義を更に徹底、各種行事盛大に挙行」（同紙、同日）

「暴戻英国を懲せ、本社主催時局講演会盛況、昨夜県民大会で力強い決議」（同紙、昭和十四年七月八日）

「沖縄兵は真面目で好評、大いに威張れる精鋭だ、常置部隊は差当り考えられぬ、河村師団長昨日来県」（同紙、昭和十四年七月十五日）

「ヒットラー総統がプラハに歴史的入城、市内正に歓呼の嵐」（「海南時報」昭和十四年三月十七日）

「全世界を開放せよ然らざれば英米よ極東から手を引け、河相情報部長談話発表」（「海南時報」昭和十四年五月二日）

内務政務次官就任

昭和十四年（一九三九）一月、各界各陣営の相剋を解消するという目標「総親和」を掲げて、平沼騏一郎内閣が誕生した。そしてこのとき、漢那が内務政務次官に就任した。ときに漢那は六十二歳であった。

当初、外務大臣有田八郎は、漢那を外務政務次官にと考えていた。ところが当時、海軍と有田は、陸軍の主張する日独伊三国同盟の締結に反対しており、「同盟締結止むなし」とする漢那は、有田の勧めを辞退した模様である。

そこで、内務大臣となった木戸幸一が漢那を登用したのである。

こうして昭和十四年一月十九日、沖縄県人で最初の政務次官が誕生した。この日は初雪で、しかも、二・二六事件当時のような大雪であった。当時の県内新聞は、県民の喜びを次のように報じている。

「沖縄振興に光明、県のお歴々と祝杯……漢那さんが民政党総務から平沼内閣の政務次官へと戦時下日本の内政の重要ポストにどっかと腰をすえたニュースが本県へ伝わるや、上京中の知事の留守を守る森下総務部長以下各部課長は思わず万歳を叫び、沖縄振興事業に光明をもたらすものと期待し早くも祝杯をあげる……」（『大阪朝日新聞』昭和十四年一月二十一日朝刊）

次に、昭和十四年一月十日付の『海南時報』は、

「南島の出世頭、病床の母堂もケロリ、癒って喜び語る」（同紙）

「我らの漢那将軍、政務次官就任万歳、県下各地に歓声挙る」

という見出しで、次のように報じている。


「……電報に乗って快報が伝えられるや県下各部で期せずして歓声が挙った。そして、東京の私邸目がけて続々と祝電が飛んだ。当八重山でも平良支庁長初め、郡振興期成会の面々が大喜びであった。そして、『漢那さんが内務政務次官に決定したって、上出来、万々歳だ、早速祝電を送ろう』と、大騒ぎとなった。

それもその筈、平良支庁長一行が石垣港築港等の懸案や八重山郡振興諸問題を携えて上京陳情するときは必ず漢那代議士を煩わして同行し関係各省に陳情しており、また漢那氏も八重山振興に深い理解と同情をもっている。

（中略）

本県政治家の最高峰は次第に開けて行く……それだけ今回の漢那代議士の栄進を県民は心から我が事の様に祝福しているのだ」


六月十一日、帰郷した漢那は、これに対し次のように挨拶している。


「此の度私の任官に際しては県内、県外たるを問わず知ると知らざるとを問わず一様に心から御喜び下さったのは私の感謝に堪えない所であります。私の任官は専ら先輩各位の引立と同僚友人諸氏の鞭韃と六十万県民の御同情の数々、私は深甚なる感謝を申し上げる次第であります。

私は御承知の様に長い間海軍に居た軍人で政界に入ってから未だ十年になるかならぬかの

若輩のこの私が内務政務次官にたずさわりますことは、世に言う、いわゆる河童《かっぱ》が陸に上った様なもので其の職責を全うしうるか懸念するものであります。己に鞭打ち御期待に背かない様努力していきますので何卒、此上ない御鞭撻をお願い申し上げます」

漢那はまた日本発送電株式会社設立委員、議会制度審議会委員、交通事業調整委員会委員、中央防空委員会委員、税制調査会委員、都市計画中央委員会臨時委員、司法制度調査委員会臨時委員、臨時地方財政補助金委員会委員、土木会議議員、政府貸付金処理委員会委員等、多くの委員職を兼任、また内務政務次官就任と同時に高等官一等へ叙せられている。

当時の議会議事録を見ると、漢那の答弁は世情を反映して興味津々たるものがある。

昭和十四年三月十四日、会議、第四回映画法案委員会にて。

○野口委員「……最近アメリカから帰って来ました私の友人の話ですが、『ハリウッド』の映画俳優が現在も猛烈なる排日思想で居るのに、アメリカ映画を日本では随分輸入して居り、実に馬鹿馬鹿しいと言うことを言って居りました。そこで更に伺いたいのは、文化映画と娯楽映画との見解に付てそれは然るべく検閲官が見ているのでありましょうか。之をいったい文化映画と見るのか、娯楽映画と見るのか或は参考映画と見るのか、国民は一寸迷うことがあります。その実例を申上げますと『潜水艦D一号』と言うのが一カ月前あたりに封切られたと思います（中略）内容を見ますと全部アメリカ海軍の宣伝映画で、成程新進気鋭、卓抜、有する形容詞を使っても使い切れない様な立派な海軍兵器を備え、吾々日本国民はあれを見て一種の畏怖を感じ、又寒心せざるを得ませんでした。ああ言う映画を政府委員の諸君も御覧になったと思いますが、あれは一体、文化映画と見ますか参考映画と見ますか娯楽映画と見ますか……」
◎漢那政府委員「御話の映画を私はまだ見たことがございませぬが、宣伝映画であると言う様に見られます。
（中略）日本の潜水艦の発達の程度現状は私共の考えでは決してアメリカに劣って居らぬと思うのであります。……私もかつて海軍に居りました関係上左様な確信を致しております。……併し帝国海軍に十分の信頼を持っている国民はアメリカの映画を見ましても決して之に畏怖して日本は是よりうんと劣るだろうと言う様な考えは起すまいと私は考えております」
○野口委員「是は日本映画のことで伺うのですが、今や吾々の同胞が血を流して此の東亜再建の為に国民が一つの固まりとなって努力しつつあります。映画の題名に付きましても非常に斯う言う点を認識して考えなければいかぬと言うことは当然であります。従前の平和時代の如く恋愛物語の何か甘ったるい、蜜の様な言葉を題名にすると言うことは何か銃後国民が眠ってふざけて居る様に見えます（中略）一体こういう題目について検閲の時に内務省が当然考えなければならぬことであるが（中略）先ずその点を伺いたく存じます」
○町村政府委員「……今後は事後の検閲に於きまして注意を致しまするとと同時に事前に於きましても当業者と能く協議を致しまして不真面目な題名という様なものは成べく防止致しまする様に努めて参りたいと考えて居ります……」（第七十四回帝国議会『衆議院映画法案委員

会議録（速記）第四回』、傍点筆者）

沖縄県民の欠点に苦言す

政務次官に就任した漢那の周辺は、にわかに多忙を極めていた。しかし、漢那の自学研鑽《けんさん》の習性は変わらず、寸暇を惜しんで学習していた。

沖縄史の大家、東恩納寛惇が、後に漢那を評して「軍人、政治家、というよりも、学者といった方が妥当だった」と語っている。

また、船越義英は、こう語った。

「先生の求学心は、まるで発育盛りの少年の様で、何か気づかれたことや疑問に思われたことは、すぐ手帳等へ筆記されるという御勉強ぶりでありました」

またこの頃、漢那家に出入りしていた千原繁子（県出身第一号の女医）は、漢那の一面をこう語っている。

「次官迎えの官用車の前で御夫妻が何か会話されていた。聞き耳を立ててみると、夫人が『大手町の近くに用事があるのでついでに乗せてくれ』と先生に頼んでおられました。当時、内務省は大手町にあったので、先生も快諾されるかと思っていました。すると先生は、『それは公の車だから、ついでも乗せることができない』と、言下に断わられたのです」

「御夫人が、『上野松坂屋の番頭、三田氏の好意で純綿が手に入った』と喜びながら帰宅されました。ところが、それを先生に気付かれてしまいました。当時、日中戦争の長期化から綿が市場から姿を消し、スフ（ステープルファイバー）にとって代っていたころでありました。ところが、先生は御立腹され、『今、国民がいかに困っているか解るか。こんなぜい沢品は、すぐ返して来なさい』と言われました。夫人は残念そうに松坂屋へ向かわれました」

船越義英は、さらに、こう語った。

「政務次官在任中の事でした。先生の書斎をお訪ねしたら、机の上に全国競馬の招待状がありました。しかし先生は、これを屑カゴに投入されようとしていました。そこで私は、『競馬というのを知らない。この際、是非一度見ておきたいので、数枚いただけないものでしょうか』と頼みました。

先生は、しぶしぶ、私の顔を覗かれながら、この一部を渡されました。しかし、翌日、先生が私の留守中に、例のごとく袴をつけてみえられ、家内に、『先日、差上げた競馬の招待状を、是非、かえしてもらいたい。御主人がこのために家庭をこわす様なことがないか、心配していたと御伝え下さい』と話されたという。

帰宅して、この話を聞いた私は、即座にカマドにくべてしまいました。そして、このことを、早速、先生に御伝えしましたら、『よかった、よかった』と子供の様に笑われました」

当時、漢那の秘書をしていた山城瑞公《やましろずいこう》は、こう述べている。

「よく、『腐肉を食うな』と言っておられました。次官就任後は贈答品も頻繁に届く様になっていましたが、先生は高価なものが届くと即座に我々に命じて返却されていました。この度に、我々凡人は『他の代議士は、こんなもの平気で受けとっているのに、うちの先生は潔癖過ぎる』と不平を漏らしたものです」

「地元の有力者が、子供の進学や就職を頼むために、先生を来訪することがよくありました。先生はその度に、『のびるものは、その実力次第でいくらでものびる』と言われて、はっきりお断りしておりました。ところが、郷党の青年が学資に窮している時など、借財までして援助されておりました。そのためか、漢那家の懐は、いつも火の車でした」

「俊敏厳格で、端然とされた先生でありましたが、地酒の泡盛を晩酌にたしなまれ、その時は、例の袴姿に、たすきといういでたちで、御勝手で御一人、コソコソと調合されておりました。また、時には、社交ダンスもなされ、『山城君、カンガルーを頼む』と言われると、私はすぐ英国製のダンス・シューズを準備したものです」

また、漢那のこの潔癖性を、東恩納寛惇は、その著にこう述べている。

「先達ての尚さんのお通夜の時の事、漢那さん一家も家を締めてお勤めに来ていられた。時も過ぎて引取る段になって、漢那さんはお嬢さんに『みどり、ウチをあけて来い』と命令された。奥さんが『裏があいていますよ』と言われると、『裏から這いらぬ、表をあけて来い』漢那さんの面目躍如たるものがあるのではないか。漢那さんは一生を通じて、裏口からは出入りしなかった人である」

「漢那さんは、よく、当然（あたりまえ）と云う言葉を使用された。忠君でも愛国でも、親孝行でも、友人に対する信義でも、漢那さんにはすべて当然の事であった。一生を通じて恐らく人後に落ちた事のあるまじき優秀な能力を持ちながら、一度もそれを自負した事がない。

必要以上に自負した事もないかわり、必要以上に卑下したこともない。漢那さんに取っては、軌道の上を当然の速度で走って当然の処に到着したに過ぎないものであった」(『東恩納寛惇全集』)

昭和十四年六月、宮古、石垣方面を視察した漢那次官は、石垣で是正すべき沖縄県民の欠点として四点をあげ指摘している。

一、「時は金なり」との時間観念に乏しく、時間を守らない。他府県人が一分一秒を争っているのに、県民は一～二時間遅れても何とも思わない。

二、沖縄方言は日本の古語の形態をとるが、今日の活社会で活動するうえは沖縄語では間に合わない。標準語を話せるよう努力せよ。

三、宴会を派手にしすぎる。従って金銭、及び時間の上からも浪費である。

四、早寝、早起きの励行。

こういうのんびりした雰囲気の中、商業の面でも県民は他府県人に先を越され、県都那覇の通りに並ぶ商店はすべてが県外出身者、特に鹿児島、山口県出身者が経営する店舗であった。

平和運動とヒットラー

帝国陸軍は中国内陸に進出し、昭和十三年（一九三八）には、首都南京をはじめ、都市部のほとんどを制圧した。

一方、蔣介石は、昭和十二年九月二十二日に内戦を停止、挙国一致民族抗戦を宣言して（第二次国共合作）、対日全面戦争を開始した。

ところが、日本がごうごうたる国際非難を受けながら、いかに中国都市部を制圧しても、広大な中国大陸では、点と線でしかなかった。そして、駆逐された中国国民軍の後には、中国共産軍が侵入し、帝国陸軍は、あたかも彼らの代理戦争をやっているかの様相を呈していたのである。また、一方では、英米仏による蔣介石への支援は続けられた。

日本は、まさに泥沼に沈もうとしていた。

一方、山本信次郎元少将（大正十三年予備役編入）は昭和十二年（一九三七）十月二十六日、国民使節として元外交官二人を帯同し神戸港を出帆した。白人社会に我国の立場を理解させるためである。山本は約一年かけてヨーロッパ、南米、米国など十六か国を訪問し、「日本は共産主義と戦っているのであって、中国を侵略する意図はない」と強調し中国国民党のプロパガンダに対抗した。訪問国中山本が最も重視したのはバチカンである。法王（ピオ十一世）に謁見し我国の真意を伝えている。その際法王は「天皇のために祈る」と発言したと言う（「軍服の修道士 山本信次郎」皿木喜久著・産経新聞出版刊）。

この活動の裏には昭和天皇のご意志が働いていたことは間違いない、山本は出発の四日前の昭和十二年十一月二十二日、天皇に拝謁し出発の挨拶をしている。また昭和十三年十一月二十九日帰国するがその二十日後、十二月十九日、天皇に拝謁し帰朝報告を行っている。その際、天皇はバチカンの影響力を一層、認識されたのだ。

昭和十六年十月十三日、木戸幸一内大臣に対し、「戦争終結の場合の手段を初めより充分考究し置くの要あるべく、それにはローマ法皇庁との使臣の交換等親善関係につき方策を樹つるの要あるべし」と語られたと言う（木戸幸一日記）。

山本は過労が災いしたのであろう、病床に就くようになり、三年後、昭和十七年二月二十八日死去した（享年六十四）。この年我国政府はバチカンと国交を樹立している。

帝国陸軍首脳部は、昭和十五年（一九四〇）三月、重大な決定を下した。

「昭和十五年中に事変が解決しない場合には、翌年一月から撤退を開始する」というものである。

ここまではよかった。しかし、欧州政治の明暗は、我が国の運命を大きく変えることになる。

昭和十五年（一九四〇）四月九日、ヒットラー・ドイツ軍は、突如、ノルウェー、デンマーク（いずれも中立国）を侵犯し、五月にはベルギー、オランダを占領した。さらに六月にはフランスを占領して西ヨーロッパを席巻したのである。

大陸政策で行きづまっていた帝国陸軍は、このドイツの動きに眩惑された。そもそも日本陸軍は、プロシア・ドイツに範を求めていたため、その陶酔は、本能的なものであったかもしれない。

また、マスコミは、連日連夜、ドイツ軍の快進撃を報道し、反英米の気運に拍車をかけていた。そして、国内には、「バスに乗り遅れるな」という言葉が流行るようになった。

そこで帝国陸軍を中心に日独防共協定にイタリアを加えて、三国同盟に格上げしようとする運動が進行しはじめた。陸軍は、またこう付言した。

「仏領インドシナ（ベトナム、ラオス、カンボジア）や、蘭領ジャワ（インドネシア）は、仏、蘭の降服によって、空白が生じている。英国も間もなくドイツに降伏するだろう。早くドイツと同盟を結ばなければ、これらの資源地帯はドイツの影響下に入る」

しかし、海軍は反対した。「もし、この同盟を結べば、英米と必ず敵対する。英米とことをかまえることがあれば、勝算はほとんどない」と強調したのである。

そして、この同盟締結の運動は、第一次近衛内閣、さらに平沼内閣と、執拗に続けられた。しかし、そのたびに海軍に阻止された。

とくに、平沼内閣の海軍大臣、米内光政大将、海軍次官山本五十六中将、軍務局長井上成美少将（階級はいずれも当時）のトリオは、遺書まで書いてこれに反対した。

実にこのころ、陸軍や右翼の間では、米内を初めとする海軍の同盟反対派を暗殺することまで謀議されていたのである。

しかし当時の海軍首脳部は、米英、とりわけ米国の力を的確に分析していた。それに比べ、陸軍の対米認識は極めて稚拙であった。

米内は大正四年（一九一五）以降二年間、ロシア駐在武官補佐官、大正九年（一九二〇）

には ベルリン駐在の経歴をもつ。山本は大正八年にハーバード大学に留学、井上は昭和二年（一九二七）以降約二年間、イタリア駐在武官を経験しており、それだけ国際的視野をもっていたのである。

ところでドイツは、第一次大戦の責任によって、攻撃兵器を含む再軍備が禁止され、膨大な賠償金が課せられた（ベルサイユ条約）。しかし、昭和八年（一九三三）、政権を手中に収めたヒットラーは、このドイツ民族の屈折した心理を巧みに利用し、国外に「反戦平和」をアピールしながら、ひそかに再軍備にのりだしていた。そして昭和十年（一九三五）ナチスドイツは、空軍の存在を内外に宣言した。これこそ明白なベルサイユ条約違反であった。

しかし英仏二大国は、こうしたヒットラーの野望、つまり段階的な再軍備を、阻止するだけの意志力を欠いていたのである。これにはわけがある。当時、英仏には、第一次世界大戦後の後遺症で、厭戦気分が蔓延していた。とくに、かつて大陸軍国と謳われたフランスなど、今の日本のように極端な厭戦気分にさいなまれていた。こうした気風の中では、政治家が「軍備」のことを口外しようものなら、たちまち弾劾される状況にあった。従って英仏両国首脳は、ドイツの条約違反に対し強行手段がとれなかった。そればかりかかえって宥和政策をとった。

ヒットラーは、こうした世界情勢の中で、巧みに再軍備を果していった。そして、昭和十五年（一九四〇）六月十七日、ドイツ軍がフランスに侵入したとき、フランスはこれに対抗できず僅か六週間で降服においこまれた。そして、アジアに残されたフランスの領土に力の真空地帯が発生した。そこはまた、資源の宝庫でもある。

日本は、このとき積極政策をとることを決断した。

こうして、世界は第二次世界大戦に突入した。

天皇嘆息す

かつて漢那は、

「今の世は、四権分立だ」

と、よく語っていた。とくに陸軍に批判的であった。

一方昭和天皇は、歴代の陸軍大臣に対し、「憲法を守れ」と厳命しておられた。そもそも、統帥権の独立とは、西南戦争（明治十年）後、その論功行賞をめぐって発生した竹橋騒動の結果、政府と軍部の癒着を防止するために案出されたのである。

ところが明治天皇崩御後、陸軍がこれを拡大解釈して、政府との連帯責任を無視するようになっていった。

ところで、大正以降、皇室と国民を分離させようとする動きがめだってきた。その一手段が、大正十一年（一九二二）頃からはじまった天皇の神格化である。

この前年、皇太子裕仁親王（昭和天皇）は、漢那艦長の操艦よろしく、欧州を巡遊された。

そして英王室の庶民性に強い感銘を受けておられたのである。

帰国後、皇太子殿下は、摂政宮として政務に携わるかたわら、皇室の形式主義を是正しようと自ら努力された。

皇太子御訪英の答礼として来日した英国皇太子をお迎えして、御同乗の車窓から群衆に手をふって側近を驚かせたり、宮中で女性を含む学習院御学友とパーティーを開こうとして西園寺公に反対されもしていた。

西園寺公は、このような皇太子に驚いて、

「殿下は、危険思想にそまられた」

と嘆いたという。

大正といえば、テロが横行しはじめたころでもある。大正十二年（一九二三）十二月には、摂政宮暗殺未遂事件「虎ノ門事件」が発生している。

天皇は、天皇神格化の動きに強い不満を表明されていた。また、とくに陸軍に対しては、首脳をよんで、直接叱責されることもあった。ところが彼らは、天皇の御前では恐れ入りながら、御前を退くと、

「側近の天皇への教育が悪い」とか、「誰がそんなことを告げ口したのか」と言って、側近を激しく非難したのである。

「また、陛下がしばしば陸軍にお使いを出させることがあったが、彼らはそのとき、

「陛下はモダンボーイでいかん、明治天皇のような大経綸がない」と、うそぶいていたという。

しかし、当時の政治家にも責任が無かったわけではない。

同じ立憲君主制の英国では、国王はあくまでも大臣のアドバイザーであり、その責任は、政治家個人に帰すべきものである。そして国王は、内閣交代の中で国政の連続性を維持しているにすぎない。

しかし、当時の我が国政治家は、天皇の助言を拡大解釈して、自らの政策遂行の盾にしようとしたのである。そればかりか、政治責任さえ回避しようとしていた。

ところで、天皇と海軍軍人の多くは、第二次大戦に至る過程で、戦争回避に必死の努力をしている。その史実の一端を、ここに述べる。

我が国が、開戦への道を急転直下に歩みはじめたのは、広田内閣（昭和十一年三月〜十二年一月）以降である。

その後、

林内閣　　　　（昭和十二年二月二日成立）

第一次近衛内閣（昭和十二年六月四日成立）

平沼内閣　　　（昭和十四年一月五日成立）

阿部内閣　　　（昭和十四年八月三十日成立）

米内内閣　（昭和十五年一月十六日成立）
第二次近衛内閣　（昭和十五年七月二十二日成立）
第三次近衛内閣　（昭和十六年七月十八日成立）

と、短命内閣が続き、東条内閣（昭和十七年十月十八日成立）で、我が国は大東亜戦争に突入したのである。その中で、これを不可避なものにしたのが、日独伊三国同盟の締結であった。これについて、もう少し詳しく述べておこう。

三国軍事同盟の起点は、広田内閣で調印された日独防共協定である。そして、この同盟締結を阻止すべく、天皇や海軍は努力するが、時流に抗しきれず、第二次近衛内閣で調印されたのである。

この経緯にふれる。

昭和十四年（一九三九）五月十一日、満蒙国境、ノモンハンで日ソ両軍が衝突し、最強を謳われた関東軍が敗北した。帝国陸軍はそこで、ナチスドイツの優勢をもってこのソ連軍を、さらには米国をも牽制できると過信するようになった。

当時の帝国陸軍は、この三国同盟を万能薬だと思っていた。

しかし海軍は、同盟締結によって英米と敵対することを恐れた。当時、我が国の戦略物資は、石油をはじめ、ほとんどが米英に依存していたのである。

海軍は一貫して反対した。

ところが昭和十四年（一九三九）八月二十三日、ドイツは突如、ソ連と不可侵条約を締結した。

このとき、陸軍の主張は根拠を失った。しかし陸軍はなお、同盟締結を主張し続けた。

一方、同盟締結止むなしと結論していた平沼総理は、「欧州の政治は複雑怪奇なり」と発言して辞表を提出している。

では、このとき、政界はどうだったのだろうか。

斎藤隆夫の反軍演説（昭和十五年、米内内閣）を最後に、陸軍支持体勢へと転じていた。さらにマスコミなど、連日、ドイツの快進撃を伝え、反英米キャンペーンを展開していたのである。この頃ドイツを賛美することが時流になっていた。

このように、同盟反対の勢力が減少する中で、彼らに強い味方がいた。

昭和天皇である。

『原田日記』を見ると、平沼内閣の陸軍大臣板垣征四郎は、近衛に、

「この軍事協定の問題については、陛下の御考えをなんとか変えるわけには行かないのかね」

と尋ねている。

さらに、この時期に天皇は、既定方針の遵守、すなわち「日独防共協定は、これ以上拡大して同盟にしない」という念書を、五相に提出させていたのである。

昭和十五年一月十六日、天皇は海軍大将の米内に組閣させた。同盟締結をなんとか阻止しようとする、天皇の切なる願いが託されていたのである。

米内も、組閣と同時に、

「欧州戦争には、あくまでも中立」と明言した。

しかし陸軍や右翼は、これを喜ぶはずがない。七月十四日には、米内を暗殺しようとする計画が発覚した（第二次神兵隊事件）。また翌十五日には、畑陸軍大臣が辞表を提出した。内閣の機能は停止した。

そこで天皇は、米内を支援するため、「米内信任」を発表されたが、時すでに遅かった。

昭和十五年七月二十二日、近衛が組閣した（第二次近衛内閣）。我が国政府は引き続き、日米戦を何とか回避しようと努めたが、日米確執のマグマは両国で堆積するばかりであった。

一方近衛内閣の外務大臣松岡洋右は、八月に親英米派の外交官四十名を追放した。そして、ここへ、ヒットラーの特使、スターマーがやって来た。

スターマーいわく。

「ドイツが日ソ関係を調整し、三国同盟にソ連を加えて、四国同盟を結ぶ計画がある」

「日本海軍が心配している石油も、ソ連同盟参加によって、いくらでも手に入る。しかも、この四国同盟によって、米英の勢力に十分対抗できる」

近衛も松岡も感激した（『七つの決断』猪木正道著）。

今度は、海軍に不幸が起った。

米内ら同盟反対派の意志を継いで、同盟締結阻止に全力を傾注していた海軍大臣吉田善吾が、発病したのである。そして、この後任に及川古志郎大将が就任した。

及川は、「これ以上海軍が同盟に反対すれば、内乱が起る」と発言し、「同盟締結止むなし」と発言した。

こうして、昭和十五年九月十九日、三国同盟を審議する御前会議が開かれた。天皇は席上、構成員に再検討を主張されたが、内閣と統帥部の決めたことは、たとえ明治憲法下でも、天皇御一人で拒絶されることはできなかった。

昭和十五年九月二十七日、近衛内閣は、日独伊三国同盟に調印した。結果的にはこれで対英米戦は不可避となった。

当時我が国国民は、「三国同盟締結こそが米英の対日攻勢を牽制できる」と、未だ信じていたのである。

第四章　有終の美

試練

日米開戦

「人間は、努力するかぎり過ちを犯す」

ゲーテの言葉である。

リベラルな漢那も、当初、三国同盟を支持し、暴支膺懲を唱えていた。しかし支那事変が発生したとき、吉田茂や米内光政も暴支膺懲を唱えていた。いや、当時の新聞資料を見れば、ほとんどの国民が同様の考えをもっていたのである。

漢那もこう考えていた。

「オランダ、フランスに続いて、イギリスも間もなくドイツに降服するであろう。そうすれば、彼らの支援下にある中国国民軍は、早晩、降服するにちがいない。また、ドイツと同盟を結べば、米ソ二大国を牽制することができるであろうし、さらに極東にあるイギリス、フランス、オランダの植民地は解放される」

当時の国民がそうであったように、漢那は英国の力と英米両国の不可分性を見落としていた。

漢那は間もなくそれに気付く。

昭和十五年（一九四〇）六月、後輩の渡名喜守定海軍中佐（当時）が、オランダ駐在武官の任を終えて帰国した。渡名喜は、開口一番、こう力説した。

「三国同盟を結べば、必ず米国と敵対します。英国の国力は、そう簡単にドイツに屈服しないだろうし、英国の権益が脅かされるようになれば、米国民は必ず立ち上ります。この二大国の総合国力は、とうてい我が国が及ぶものではありません」

当時、オランダは自由貿易港として栄えており、情報の宝庫とさえ言われていた。ここに三年間住んだ渡名喜の国際感覚は、相当、洗練されていたのである。漢那を説得するにも十分であった。

漢那はかねて、米内大将や山本五十六大将からそのような話をきかされていたが、まさか、これが真実だとは思っていなかった。

漢那はしばらく沈黙したまま、渡名喜から視線をそらしていた。

昭和十五年七月二十七日、第二次近衛内閣は、「世界情勢の推移に伴う時局処理要綱」を策定した。これは、南方政策に武力を行使することと、この対象を英国のみに限定するという条項を付記したものである。

同年九月二十三日、こうして、帝国陸軍は北部仏印（北ベトナム）に進駐した。

三日後、米国は着実に反応した。屑鉄の対日全面禁輸処置を発表、十月十二日には中国援助継続を表明、さらに十月十五日には、米海軍長官が「日独伊に応戦の用意あり」と演説した。

近衛は、これを単なる威嚇と考えた。そして昭和十六年（一九四一）四月十二日、第二次近衛内閣は、日ソ不可侵条約に調印、北辺の守りをかためた。

これをもって日本の南進策は確定した。しかしヒットラーは六月二十二日、突然、ソ連に侵攻したのである。

スターマーのいった日独ソ伊の四国同盟という話は、まったくの狂言であったことが発覚した。ところが我が国に、この三国同盟を破棄する意思は起きなかった。

ヒットラーは、同盟調印によって日米を敵対させ、強力な日本海軍をして、米海軍を太平洋に牽制することを第一目的としていた。またソ連は日ソ不可侵条約で日本に南進策をとらせ、その間、極東の兵力を対独戦にふりむけたのである。

昭和十六年七月二日、御前会議において、「情勢の推移に伴う帝国国策要綱」が決定された。その内容には、「南方進出に際し、対英米戦を辞さず」という条文がはじめて明記されたのである。

というのは、北部仏印に続いて、南部仏印（南ベトナム、カンボジア）に帝国陸軍が進出しようとしたとき、政府部内に反対論が起きた。

外務大臣、松岡洋右が、

「日本軍が南部仏印に進駐すれば、極東英軍の拠点シンガポールが日本軍戦闘機の行動半径に入るため英米は黙っていないだろう」

と主張したのである。

このため、我が国はしばらく南進を思いとどまった。しかし近衛は松岡を退けた。

ちなみに、昭和十六年七月十六日の第二次近衛内閣の総辞職は、この松岡を解任するためであった。近衛は、第三次近衛内閣を組閣、外務大臣に海軍大将豊田貞次郎を起用した。

こうして七月二十八日、とうとう我が国は南部仏印に進出した。と同時に米英はそれぞれ国内にある日本資産を凍結した。もはや日米日英関係は、抜き差しならない方向へ走りはじめていたのである。

近衛はここでようやく現実に気づきはじめた。しかし開戦派の先鋒陸軍を抑えることはできなかった。

彼らは稚拙な対米認識しかもっていないにもかかわらず、部内で「慎重論」を口にしようものなら、いかなる陸軍高官でも前線へ送りだした。かといって、海軍にそれを疎止できる力はもはやなかった。とくに、第二次近衛内閣以降の海軍大臣、及川古志郎大将や嶋田繁太郎大将など、「国策に従う」として、開戦に明確には反対しなかった。

海軍は伝統として政治に関与することを忌避して来た。このころ政府や国民世論は対英米開戦に傾いており、これに反対することはこの海軍の伝統精神に反することになるのだ。

八月一日、米国は、
「日本軍の中国および南方方面からの全面撤退」を主張するとともに、
「石油の対日全面禁輸措置」を発表した。

日本海軍が最も恐れていた事態が発生した。

ついに九月六日、御前会議において、「日米開戦」が決定された。

これまで開戦に消極的であった海軍が、初めて同意したのである。

石油がなくては、いかに強力な艦隊でも戦わずして滅びるだけである。

永野修身海軍軍令部総長は、「座して滅びるより出て戦え」と、この時発言している。

近衛は狼狽した。

その曖昧な情況判断が、まさかこういう結果に帰結するとは夢にも思っていなかったからである。十月十六日、第三次近衛内閣は総辞職した。

そこで、天皇をとりまく重臣は、後継首班に陸軍大将東条英機を推した。東条は大正、昭和の陸軍大将の中で、もっとも天皇への忠誠心が強く、部内にも比較的統制力をもっていた。重臣たちはこの東条をして、開戦論の先鋒陸軍を抑えようと考えた。

十月十七日、東条内閣成立の前日、天皇は、東条を呼んで、

「九月六日の御前会議決定（日米開戦）を白紙還元し、平和に尽せ」

と命じられた。またこの日、天皇は、杉山参謀総長、永野軍令部総長を呼んで軍の自粛を促されたのである。

しかし東条も、ある程度の努力をしたものの、九月六日の御前会議決定を主とし、十月十七日の天皇の命を従とする思考に帰結した。もはや開戦へのはずみ車は何人も止めようがなかったのである。

十一月五日、御前会議が行われた。

この席で、「戦争準備」と「外交交渉」の併進が決定された。すなわち、十二月一日までに対米交渉が成立せねば、十二月初頭をもって武力を発動するというものであった。

東条総理からこれを奏上された天皇は、

「日米交渉に全力を尽すよう」

と、切望された。

この時、東条も木戸幸一内大臣も、恐懼《きょうく》して涙していたという。

一方米国では、野村吉三郎大使（海軍大将）がルーズベルト大統領と必死の外交交渉を展開していた。

野村とルーズベルトはハーバード大学の同窓で、野村は、日米風雲急をつげる昭和十五年十一月、急きょ駐米大使に任命された。翌昭和十六年十一月、政府は野村大使を補佐させるため来栖《くるす》三郎特命全権大使を派遣した。二人は、残された僅かな時間を憾《うら》みつつ、必死に日米交渉にあたるのである。

このころ、日本国民の対米アレルギーは、頂点に達していた。とくに国民は、軍縮や日露戦争以降の日本移民排斥運動などに見られるような米国の対日差別に業を煮やしていた。しかも今彼らが主張する、

「中国大陸からの日本軍全面撤退」

は断じて承服できなかった。

日本国民が三十余年労苦して築いてきた満州の権益と経営権を、米国はただ一言で放棄させようとしたのだから、日本国民が逆上するのも無理はない。

「米国は、日本の大陸政策を批判しながら、フィリピン、ハワイなど太平洋の島々を侵略しているではないか」

当時、国民の多くはこう憤っていたのである。

また帝国議会は昭和十六年十一月十六日行われた第七十七臨時議会において、

「国策完遂決議案」

を全会一致で可決した。

日本国民は、すでに、対米戦を決意したのである。

十一月二十六日、最後の日米交渉が行われた。このとき米国が日本側に提出したのが、ハル・ノートであった。すなわち、

「日本軍の中国および南方地域からの即時全面撤退、蔣介石政権を承認すること」である。

日本はこのとき、これまで費やした日米交渉が米国の時間稼ぎに過ぎなかったことに気づく。

余談になるが、このハル・ノートを作成した財務次官ハリー・ホワイトは、平成七年に公開された「ベノナ文書」によって、ソ連のスパイであることが判明した。日米開戦はコミン

テルンの策略であったと解される。

十二月一日、御前会議が開かれ、ここで、日米開戦は十二月八日と決定されたのである。

洋上の連合艦隊司令長官山本五十六海軍大将は、この海軍中央部の弱腰に切歯扼腕した。かつて山本は、陸軍士官にむかって、

「ドイツへ行くよりアメリカへ行って、煙突の数でも数えて来い」

とたしなめたことさえあった。そして山本は、ハワイ攻撃を前に参集した各指揮官に、こう厳命した。

「もし中途で日米交渉が成立することがあれば直ちに反転命令を下す。この中で私の命に従えないという指揮官がいれば今すぐ申し出よ、出撃を許さぬ」

最後まで開戦回避を願った山本の、血を吐くような言葉であった。しかし日米交渉は成立しなかった。

昭和十六年十二月八日、世界初の空母機動部隊艦載機群が、ハワイの米艦隊に襲いかかった。そしてこのハワイ奇襲成功の報道に国民は歓喜した。

このとき、詩人高村光太郎は次の詩を詠んでいる。

記憶せよ、十二月八日。

この日世界の歴史あらたまる。
アングロサクソンの主権、
この日東亜の陸と海とに否定さる。
(中略)
世界の富を壟断《ろうだん》するもの、
強豪米英一族の力、
われらの国に於て否定さる。
われらの否定は義による。
東亜を東亜にかへせといふのみ。
彼等の搾取に隣邦ことごとく瘦せたり。
われらまさに其の爪牙《そうが》を摧《くだ》かんとす。
われら自ら力を養ひてひとたび起つ。
老若男女みな兵なり。
大敵非をさとるに至るまでわれらは戦ふ。
世界の歴史を両断する。
十二月八日を記憶せよ。

(高村光太郎詩集『大いなる日に』)

三好達治や作家長与善郎も、この日に同じような感動を述べている。

反軍演説と特高監視

戦前沖縄では、裕仁親皇殿下（昭和天皇）が沖縄へ御巡遊された日を記念して、毎年三月五日、「今上陛下御来島記念式」が挙行されていた。

昭和十六年三月二日、この式典に出席するため帰郷した漢那は、波の上（那覇市在）で行われた時局講演会に臨んだ。そのとき漢那は、

「大元帥陛下は、あくまでも平和を望まれている。ところが陸軍は、陛下の御命令に従わない。彼らは武家時代の幕府的存在である」

と発言した。

当時これを聴いていた千原繁子は、この模様を著書『カルテの余白』にこう述べている。

「拍手があった。一億一心、鬼畜英米、大東亜共栄圏の標語に疑問を持った人たちの声なき声は拍手で現わされたと私は思った」

しかしこの中に特高（特別高等警察）がいた。以降彼らは、漢那を注意人物として徹底的にマークするのである。

千原はさらに続けている。

「その四日後の三月五日、漢那夫人から電話で、『高嶺小学校で講演がある。一緒にどうか？』とのこと。指定の時間に宿舎に行き、待っていると迎えの車がなかなか来ない。ガラ

ッと玄関が開く音に私が走り出ると、巡査が一人立っていた。私の後からご夫妻が出て来られると紙片が渡された。見ると、『きょうの講演会には行くな』という意味のことが書かれてある。『あちらとの約束もあるし……』と言いかけると、『先方にはすでに取りやめの通知は届けてある』とケンもホロロの態度であった。ご夫妻は一言も発せず、その屈辱に耐えておられたが、その姿は見るに忍びなかった。

その後、私と同じ町内に住む特高課の山川泰邦警部補（戦後琉球立法議院議長）から、『過激な言動は慎むように漢那さんに伝えてくれ』と頼まれた。その通りに報告すると、漢那さんは『世も末だな』と一言つぶやき、大きなため息をつかれた」

また漢那は、昭和十七年二月、吉林の満州鉄道株式会社に娘夫婦を訪ねたとき、講演を依頼された。

ここでも「国民は、緒戦に酔いしれ、東条は天皇陛下の御意志を解しようともせず戦域を次々に拡大している。今に大変なことが起こる。米国の力はそんなに甘いものではない」と発言し、聴集を仰天させている。

当時我が帝国陸海軍は破竹の勢いを示しており、とくに連合艦隊は向かうところ敵なしの勢いを示していた。

国民は、大本営発表に、「万歳」「万歳」を連呼していたのである。

話はさかのぼるが、第二次近衛内閣は、昭和十五年十月十二日、すべての政党を解散し大政翼賛会を結成した。

沖縄県でも第二十四代知事淵上房太郎を中心に、県内十人からなる委員の下に、沖縄県支部が発足していた。さらに翌年一月にはこの組織が拡大された。

この顔ぶれを紹介しておこう。

支部長　　早川　元（第二十五代沖縄県知事）

事務局長　当間重剛（戦後、琉球政府行政主席）

組織部長　来間泰邑

庶務部長　尚《しょう》　鎌《けん》（陸軍少尉、沖縄戦にて戦死）

また翼賛壮年団が結成され、初代会長に平良辰雄、島尻郡（沖縄本島南部）の総務に瀬長亀次郎（戦後、共産党選出衆議院議員）が就任した。さらに、青年部も組織され、中頭郡の部長には、教職員の喜屋武《きやん》真栄《しんえい》が就いた（『当間重剛回想録』当間重剛著、『沖縄県史』および関係者の証言による）。

このような時流の中で漢那の言動は、これら翼賛会活動家たちの非難のまとになった。

千原はまた、特高の山川警部補からこう言われた。

「代議士は、選挙に勝つことが第一です……漢那さんにそのむね御伝え下さい」

このころ早川知事は、翌年（昭和十七年）行われる総選挙を前に、徹底した選挙干渉を行っている。

この選挙で翼賛会に加入しない者は、当選の確率がまずない。ところが翼賛会沖縄県支部は漢那を公認しようとしないのである。

総選挙に臨む漢那にとってもう一つの不安があった。沖縄県民の政治感覚である。

本土では政務次官以上の重職を務めると、そう派手に地元で選挙運動をしなくても民衆の支持は固い。場合によっては、本人が地元選挙区に帰らなくても側近だけで選挙運動をこなすこともできる。

ところが沖縄の政治風土では、一人の代表を一貫して国政に送りだすという気概が少ない。こうして昭和十七年四月、第二十一回総選挙の日が近づいた。翼賛会沖縄支部は、これを「選挙翼賛運動」と呼称し、桃原茂太を新人候補に擁立した。また早川知事は、同じころ県民の生活習慣の変革（本土並）を主張していた。早川は、県民がブタ料理を食べることさえ批判していた。

漢那はこのようなファッショを最も嫌った。そして彼らの新人候補に負けじと猛烈なファイトを燃やしていた。

六十五歳になった漢那は夫人を連れて、県内をくまなく遊説した。なにしろ物資が不足していた時代である。夫妻は、一日に一食しかとらない日もあったという。

沖縄本島北部の演説会では、こういうハプニングもあった。

一農民が起立して、漢那にこう陳情した。

「サトウキビの収穫や搬出に馬車しかない。なんとか鉄道を敷設して、多量に運搬できないものだろうか」

漢那はしばらく沈黙して、

「今、御承知のように、国家は重大な戦争に突入していて、とても民需を賄うことができない。どうか戦争終了の日まで勘忍してほしい」と答えた。

すると会場の片隅に陣どっていた対立候補の支持者たちがすかさず、「僻地軽視だ！」とヤジをとばした。

四月二十八日、離島遊説を終えた漢那夫妻は、宿泊先である那覇市西町の安慶田《あげだ》家へ帰ってきた。夫婦とも疲労困憊、海軍で鍛えた漢那も、このときはさすがに顔面蒼白であった。船に弱い夫人などさらに疲れていた。

家人が総出で夫妻を迎えた直後、「ドスッ」と鈍い音がした。

政子夫人が卒倒したのである。

家中大騒ぎとなった。

安慶田家といえば、那覇有数の素封家で屋敷もめっぽう広い。しかし、この知らせを聞きつけた漢那の支持者が押しよせて、屋敷内は支持者でいっぱいになった。

数日して夫人は意識をとりもどしたが麻痺が残った。

四月三十日、第二十一回総選挙は順調に行われ、漢那も再選を果した。しかし漢那の側近に笑顔はなかった。夫人の左半身の麻痺は回復の兆しが全く見えなかった。

五月三十日、漢那は、病身の夫人を伴って東京へ帰ってきた。夫妻を東京駅頭で迎えた船越義英は、当時の情景をこう語っている。

「御自身で夫人を抱きかかえられ、不自由な夫人の歩調に静かに合せられ、自ら駅の貨物用エレベーターを指揮される等、病夫人へのいつくしみ、夫人の病状もさる事ながら、なみいる者、皆、涙でありました」

漢那衆議院議長候補

真珠湾攻撃成功のラジオ放送を聞いた漢那は、

「勝てない戦を始めたもんだ」

と嘆息した。

そして六十五歳の漢那は、鎌倉に家を借りて、庭先にサツマイモを栽培しはじめた。

案の定、昭和十七年後半をむかえると、戦況はにわかにかげりはじめた。

このころ漢那は、後輩や兵学校の教え子たちの訃報を聞くたびに落涙し、仏前に彼らの冥福を祈っていた。とくに山本五十六連合艦隊司令長官の戦死を米内から聞かされたときの悲嘆は大きかった。

かつて漢那は、内務政務次官時代、米内海相や山本次官らと連れだって、牛込にあった琉球料理屋「春海」で泡盛をくみかわしていた。

昭和十九年暮ごろの漢那を、船越義英はこう語っている。

「食生活のいよいよ不自由になった時、近郷に農園を持っている友人の招待に先生を御案内したことがある。今から思えば何でもない些細な精進料理であったが、箸をつけられる前に『君は陰膳という事を知っているか』と奇問を発せられ、私がキョトンとしていると、機先を制せられた先生は微笑されて、『沖縄など今頃大変だろう、特に年寄り等はね』と老母堂でも追想されてか、暫し黙とうのあとに箸をつけられた」（傍点筆者）

「また、自宅では農耕のよき老爺として地下足袋で馴れないクエーウーキー（木製の肥料入れ）をかつがれて居られるとて『船越君、初対面の君の友人には誠に恐縮であるが、私が残した（わざわざ残されたと思う）この沢庵と野菜の煮つけを病妻のために御土産に出来るよう取計って貰い度い』というお話であったので、私はその旨を率直に友人に話した処、友人は二、三度拳で目頭をこすりながら『奥様へのお土産は心得ました。どうか心おきなく召上っていただきますように』と申し上げました。先生は心もち横を向かれて、『年を取りますと、どうもいやしくなりまして恐縮です』と言われたのである」

　ここで当時の戦況について述べておきたい。

　当初、帝国陸海軍は、英米両国の予想をはるかに上回る打撃力を発揮していた。とくに海軍は一時、インド洋から西太平洋に至る広大な海面を制し、無敵の勢いさえ示していたのである。

　しかし我が国には、石油をはじめとする戦略物資に限りがあった。しかも科学すべき海軍戦術において、多くの提督たちが大艦巨砲主義に未だ固執していたのである。

昭和十六年八月、海軍省軍務局は、対米戦に伴う石油の需給予想を算出している。それによると、たとえ戦争が有利に展開しても、二年後は、極めて危険な状況をむかえることが明らかになっていた。

そもそも、我が国が明治四十年（一九〇七）以来築いてきた海軍戦略は、万一、日米戦になっても、英国を友好的な中立国としてその圏外におくという大前提があったのである。しかも、米国一国と我が国の国力を比較しても、その差は七十八対一という、実に驚異的な格差があった。

要するに、いかなる観点から見ても、米英と同時に戦うことはリスキィな話であった。

昭和十七年六月五日、運命の海戦が行われた。

ミッドウェー海戦である。

これまで連戦連勝を果してきた海軍が、一瞬の気の弛みから、主力空母四隻と虎の子の航空戦力を一挙に失った。

以後、日本陸海軍は、物量と科学力を誇る連合国におしまくられていく。そして昭和十九年になると戦況は一層悪化した。

太平洋の各島に展開していた帝国陸海軍も次々と玉砕し、B―29による東京空襲が開始された。

盟邦であるドイツ、イタリアはどうなっていたであろうか。

昭和十八年二月、ソ連のスターリングラードに侵入したドイツ軍が敗退、五月には北アフリカのドイツ、イタリア軍が敗退した。そして、九月、イタリアは連合軍に降伏した。

そこで連合軍は、昭和十九年六月からノルマンディー上陸作戦を敢行し、本格的なドイツ撃滅作戦を開始した。結果、ドイツは、昭和二十年五月七日、連合軍に降伏した。


国内に眼をもどそう。

日本海軍の良識派は、昭和十七年暮れ、すでに敗戦を予期していた。

同年の十月、海軍兵学校校長に就任した井上成美海軍中将（当時）は、兵学校のカリキュラムを、軍事学中心から普通学へ密かに転換し、さらに、教官たちの議題にのぼった英語教育廃止論を一蹴した。兵学校生徒の将来をおもんぱかっての処置である。

前線の指揮官の中にも、死に急ぐ部下の青年たちを自重させるため、出撃命令を撤回する指揮官がいた。

一方、講和を模索しはじめていた海軍にとって、東条体制に対する反発は強くなっていた。とくに、高木惣吉海軍少将を中心とする海軍リベラル派は、東条暗殺計画まで密かに討議するようになった。

昭和十九年二月、東条大将は、憲法をまげて、総理、陸軍大臣、参謀総長を兼任した。

そこで海軍の反東条の気運は一挙に高まった。しかも海軍大臣の嶋田繁太郎大将が東条に盲従するため、海軍部内では、

「嶋田と東条を暗殺せよ」

という強硬論まで出はじめていたのである。

同年六月二十一日、サイパンが玉砕した。

ここに米軍が航空基地を作ったら東京は容易に空襲にさらされる。海軍部内の倒閣運動や終戦工作がさらに活発化した。

当時、この運動を推進した一人、渡名喜守定海軍大佐は、こう語っている。

「サイパンにB—29の基地が作られたら、それこそ日本は直撃されジリ貧をたどる以外にない。沖縄も占領されるだろう。それを考えた私は『戦力が残っている間に有利な条件で講和した方がよい』と判断、バレたら生命にもかかわる講和工作を始めることにした。

秘かに重臣の広田弘毅先生や同じ大本営におられた高松宮殿下らと相談、その結果、『東条内閣は講和はできない。鈴木内閣を作ろう』ということで話がまとまり帝国ホテルの一室を借りてそこを拠点に講和工作を始めた。運動は四四年（昭和十九年）七月に東条内閣が倒れ、代わって小磯内閣ができても続けられた。陛下には高松宮殿下を通じてご連絡が行われていた様である。

しかし、この計画もドイツとの同時講和を進めようとしたことから発覚してしまい、四五年（昭和二十年）四月、断念の事態を迎えた。私は海軍大臣の呼び出し警告を受け身辺は憲兵の監視下におかれた……」（『私の戦後史』渡名喜守定記、傍点筆者）

七月十八日、ついに東条は辞表を提出した。

岡田啓介海軍大将を中心とする重臣グループの運動が功を奏したのである。

今度は陸軍大将小磯国昭に組閣の大命が降下、海軍は、予備役の米内光政を現役に復帰させて海軍大臣に任じた。しかし昭和二十年四月五日、小磯内閣は、沖縄失陥の責をとって総辞職した。

僅か九カ月の短命内閣であった。

そこで天皇は、固辞する鈴木貫太郎海軍大将を説得し、組閣の大命を降下された。

当時七十八歳の鈴木は、米内大将を海軍大臣に留任させるとともに、和平派の左近司政三海軍中将を国務大臣に、東郷茂徳を外務大臣に就任させた。鈴木は、当初、「継戦」を主張したが、次第に天皇の意志を体して講和を急ぐようになった。

一方、陸軍は「本土決戦」を叫んでおり、うかつに「和平」を口外しようものなら、何人《なにびと》もテロの対象となった。従って鈴木総理は慎重に、かつ早期に講和を進める必要があった。


ところでこのころ、第三十六代衆議院議長候補に漢那が推されている。当時の国会議事録の中にこういう記録がある。

「重要動議、議長候補者選挙ニ付テハ今回ニ限リ特ニ衆議院規則第四条以下ノ選挙手続ヲ省略シ、島田俊雄君、漢那憲和君、議長候補ニ当選セラレタルモノトスヘシトノ動議……」

（昭和二十年六月八日「第八十七回帝国議会衆議院議事録号外一」）

この選挙は、前衆議院議長の岡田忠彦が、鈴木内閣の厚生大臣に起用されたため、急きょ行われたものであった。また、鈴木内閣成立の間際、元大蔵大臣の賀屋興宣《かやおきのり》や左近司政三らが、漢那の大臣起用を強力に推薦していた模様である。

残念ながら、漢那は衆議院議長にはなれなかったが、ライバルの島田は衆議院議員当選九回、農林大臣を二期、農商大臣を一期務めた経験をもっていた。


このころ海軍は、四百余隻の艦艇と二万六千の航空機を失い、戦力のほとんどを失っていた。さらに四月五日には、ソ連が日ソ中立条約の不延長を通告し、五月七日にはドイツ軍が無条件降伏した。要するに、我が国の相対的戦力も著しく低下していた。

しかし未だ二百万の大軍を擁する陸軍は、矛《ほこ》を収める意思はなかった。

ところがこの陸軍が、ソ連参戦の兆候に脅威を感じるようになってきたのである。そして東郷外相に参戦阻止工作を頼みこんできた。ここで初めて講和の起点が見いだされた。

そこで政府は、五月、ソ連を仲介とする終戦工作を開始した。しかし、ソ連は相手にしなかった。この間彼らは、欧州戦域に投入した兵力を、極東に移動させていたからである。


一方、沖縄では激戦が展開されていた。四月一日、上陸した米軍約二十万、これを迎え撃つ我が兵力約十万、火力では、さらに劣勢であった。

住民は逃げ場を失って混乱し、県下男子生徒は、防衛隊を組織して陸海軍部隊とともに米軍に抵抗していた。また女子生徒は、特志看護婦として従軍し傷病兵の看護にあたった。

国土に初めて敵の上陸を許した大本営も混乱していた。

四月二日には、戦艦「大和」以下、最後の連合艦隊が、沖縄奪回を期して出撃した。陛下のお思し召しか、巨艦の船倉には沖縄県民救援用として女性の生理用品十五万人分を含む多量の民需物資が積載されていた（「歴史と人物」第一五〇号〈昭和五十八年八月二十日〉市橋立彦「戦いの終った日メンスバンドと自殺薬」）。また、九州の各航空基地から沖縄近海の敵艦船めがけて、必死の特攻作戦が展開されていた。その数、実に二千二百五十機に達した。

しかし物量を誇る米軍に対しては、打つ手がなかった。

六月十五日、米内海相は、秘かに漢那を都内の一室に招いた。米内はそこで、沈痛な面持で一枚の紙片を見せた。沖縄方面海軍根拠地隊司令官、大田実海軍少将から打たれた最期の電文である。

大田少将（戦死後中将）は、死の間際にあって、沖縄県民の献身的な作戦協力をたたえ、「県民ニ対シ後世特別ノ御高配賜ハランコトヲ」と結んであった。

漢那は鳴咽した。

この戦いで、日本軍約九万三千人が散華し、これとほぼ同数の住民が命を失った。

六月二十二日（沖縄第三二軍司令官牛島満陸軍中将自決の一日前）、天皇は、最高戦争指導会議構成員に終戦工作を指示された。

最高戦争指導会議とは、首相、外相、陸相、海相、参謀総長、軍令部総長によって構成されていたものである。

しかし陸軍は、「徹底抗戦、一億玉砕」の主張をやめなかった。

そうした中で、七月二十二日、日本の条件付降伏（国体護持）を勧告するポツダム宣言が発せられた。連合軍は昭和十八年十一月にカイロ宣言をもって無条件降伏受け入れを勧告していたが、沖縄戦で見せつけられた軍、官、民が一丸となった奮闘に驚嘆し、態度を軟化させていたのである。

八月六日には、広島に原爆が投下された。続いて八月八日、ソ連が対日宣戦を布告してきたのである。さらに翌九日、長崎に原爆が投下された。

もはや戦争が一日でも長く続けば、それだけ人命が失われるばかりであった。天皇は決意された。

次は、この天皇の御英断が、我が国を講和に至らしめる情景である。

八月九日午前十時半、鈴木貫太郎首相は、最高戦争指導会議において、ポツダム宣言受諾の意志を表明し、構成員にその意見を求めた。しかし、米内海軍大臣と東郷外務大臣がこれに賛成しただけで、他の構成員はすべて反対したのである。そこで首相は、午後二時から閣議を開いた。

ところがこの最中に長崎に原爆が投下された。

首相はこのとき、一刻も早く戦争を終結させる必要を痛感したのである。しかしこの閣議も紛糾した。依然として阿南惟幾《あなみこれちか》陸相が「本土決戦」を主張し、米内海相と対立した。日ごろ、温厚無口な米内が憤慨して、

「あれほど沖縄で犠牲を出しておきながら、本土決戦とは何事だ」

と阿南陸相に詰め寄る光景さえ見られた。

結局東郷外相の案、

「国体護持だけを一つの条件として、ポツダム宣言を受諾する」に、米内海相、石黒忠篤農相、豊田貞次郎軍需大臣（海軍大将）、小日山直登運輸相、太田耕造文相、左近司政三国務大臣（海軍中将）の六人が賛成し、阿南陸相、松阪広政司法大臣、安井藤治国務大臣の三人が反対した。

こうして閣議は、午後十時半打ち切られた。

午後十一時五十分、今度は、宮中の防空壕で御前会議が開かれた。冒頭、東郷外相が、ポツダム宣言受諾の提案理由を説明した。ところがここでまた、ポツダム宣言受諾派と反対派が対立したのである。

鈴木首相は立ち上って、突然、こう発言した。

「これ以上会議をくりかえしても、意見は二つに分れるだけで何ら進展はない。この間、戦争犠牲者は増えるだけである。この際、恐れ多いことであるが、陛下の御意見を仰ぎたい」

そして鈴木は、天皇にむかって深々と頭をたれた。

御前会議において、天皇から直接、御意見を伺うということは前代未聞である。会議構成員は、固唾を呑んだ。

天皇は、ポツダム宣言を受諾する案に賛成されるむね御発言されたのち、統帥部、とくに陸軍を批判され、また諭された。そして天皇に説得される形となった戦争継続派は、国体護持を条件に、ポツダム宣言受諾にしぶしぶ賛成したのである。時、午前二時三十分であった。

政府は、ただちに、

「天皇の国家統治の大権を変更するがごとき要求を包含しおらざる了解のもとに……」

という付帯条件をつけて、ポツダム宣言受諾の電報を発した。

ところが、八月十二日午前十時四十五分、連合軍から届いた回答には、

「天皇大権は、降伏の時より、連合軍最高指揮官の制限の下におかれる」

ということが明言されていた。そこで戦争継続派は、再び、ポツダム宣言受諾に反対することになった。

八月十四日午前十時、御前会議が開かれた。そしてまた、戦争継続派と和平派が対立する光景が再現された。この時天皇は、講和を願望する強い信念を表明された。

「……自分は、いかになろうとも万民の生命を助けたい。このうえ戦争を続けては結局、わが国がまったく焦土となり、万民にこれ以上苦悩をなめさせることは、私としても実に忍び

がたい……。

今日まで戦場にあって陣歿し、あるいは殉職して非命に斃れた者、またその遺族を思うときは悲嘆に耐えぬ次第である。また戦傷を負い、戦災を蒙り家業を失いたる者の生活に至りては私の深く心配するところである。この際私としてはなすべきことがあれば何でもいとわない。国民に呼びかけることがよければ、私はいつでもマイクの前に立つ。一般国民には今まで何も知らせずにいたのであるから、突然この決定を聞く場合、動揺は甚しかろう。陸海将兵にはさらに動揺も大きいであろう。この気持ちをなだめることは相当困難なことであろうが、どうか私の心持ちをよく理解して陸海軍大臣はともに努力し、よく治まるようにしてもらいたい。必要あらば自分が親しく説きさとしてもかまわない。この際詔書を出す必要もあろうから、政府は早速その起案をしてもらいたい」

この間、天皇は落涙し、しばしば、お声が跡切れたという。議場では、方々で嗚咽の声がもれていた。

こうして天皇は、八月十四日の午後、皇室史上初めてマイクの前にお立ちになり、玉音放送の録音盤に、お声を収録された。

ところが同じころ、陸軍の戦争継続派がクーデターをおこした。とくに陸軍軍務局軍務課員畑中健二小佐、陸軍航空士官学校生徒隊付上原重太郎大尉が指揮する一隊は皇居に乱入し、録音盤を奪取すべく、室内を物色したのである。また、東京警備軍横浜警備隊大隊長佐々木武雄大尉指揮下の一隊は、首相官邸および私邸を襲撃した。しかし、彼らは目的を達しないまま、いずれも鎮圧された。

こうして我が国は、昭和二十年八月十五日正午をむかえようとしていた。

この日未明、阿南惟幾陸軍大臣は、「一死をもって大罪を謝す」という遺書を残して自決された。また、海軍中将大西瀧治郎軍令部次長も、特攻隊、部下および遺族にわびる遺書をしたためて自決された。

ちなみに我が国の降服は、ドイツとまったく異なっている。

ヒットラーは、ベルリンの地下壕で自殺する直前、一切の生産手段、輸送、通信、水道、電力設備等の破壊を命じていた。そしてドイツは、米、ソ、英、仏連合国によって分割占領された。

もし天皇のこのような御発言がなかったら、我が国も連合軍に強襲上陸され、ドイツのように東西に二分されていたにちがいない。

ところで米国の内部事情はどうであったか。

ここでは、対日強硬論が強くうずまいていた。第三の原爆投下さえ主張されていたのである。しかしこれを必死にくいとめようとする夫妻がいた。

ジョセフ・クラーク・グルー元駐日大使夫妻である。

夫妻は、在任中、海軍大将鈴木貫太郎夫妻や、海軍大将斎藤実夫妻とじっこんの間柄であった。しかし、二・二六事件で斎藤は射殺され、鈴木は重傷を負った。その前夜、両夫妻は、大使公邸の晩さん会で歓談し映画を鑑賞していたのである。

グルー大使は、彼ら親米派が凶弾に倒れたのを悲しみ、とくに死去した斎藤大将には、その後も畏敬の念をいだいていた。そしてこの思慕の情が、夫妻をして和平に力を尽させる原動力となった。

もしこの和平内閣の首班（首相）が文官であったら陸軍を中心とする戦争継続派は、承服したであろうか。

我が国が地上戦に至ることなく終戦をむかえることができたのは、天皇陛下と、この内閣首班、海軍大将鈴木貫太郎の人格が大きく影響している。

鈴木は、日清、日露の戦役で幾多の修羅場を乗り越え、赫々たる戦果をあげた武人であった。しかも二・二六事件で襲撃を受けたとき、反乱軍将兵の前に仁王立ちにはだかって、瀕死の重傷を負ったのである。しかし、これも奇跡的に回復した。

こうした不死身の鈴木は、陸海軍軍人から、「鬼貫太郎」の異名をもって畏怖されていた。また、鈴木は、昭和四年（当時、昭和天皇二十八歳）から十一年までの長きにわたって侍従長をつとめ、天皇の信頼も厚かった。

天皇は、この危機の時代、鈴木を頼れる父親のように思われたにちがいない。

かつて、鈴木が海軍兵学校校長在任中、第五十期生徒として薫陶を受けた渡名喜守定は、鈴木をこう回顧している。

「歴戦の勇士でありながら、平和的、民主的な考え方に徹し、当時有名だった兵学校での鉄拳制裁の蛮風を禁止されるなど思い切った民主的な学校運営に努力され、実行されていた（後略）」

悠久の大義へ

敗戦と徳田球一

昭和二十年（一九四五）八月十五日当時の漢那を、長女幸子はこう語っている。

「八月十四日、昼、父は家族に『明日、正午、大事な放送が行われるから、皆、正装して家にいるように』と語りました。そして、十五日午前十一時三十分ごろ、家族全員がラジオの前に正座し、静かに正午を待ちました。

正午になると、国歌の吹奏に続いて、玉音放送が行われました。父は、その直前からラジオに向って最敬礼し、家族全員が父に習いました。その時の父の凛然とした姿は、今も鮮明に覚えております」

六十八歳を迎えた漢那は、かなり憔悴していた。そこには海軍時代、柔道で鍛えたがっしりとした体軀も、見る影もなかった。

終戦の翌日、漢那は後輩の渡名喜海軍大佐（当時、福山海軍航空隊司令）に、長文の手紙を出している。

「残務整理が終わったら、できるだけ早く拙宅に身をよせるように」という内容であった。

このころ、敗戦の悲報に軍人や市民の自決が相次いでおり、漢那は万一をおもんぱかったのであろう。しかし九月四日、漢那に悲報が届いた。

「親泊陸軍大佐が家族全員を道づれに自決した」

というのである。親泊は当時、大本営陸軍部報道部部長の要職にあった。

親泊の子息は、未だ九歳と十三歳であった。親泊夫人が、数日前、漢那家を訪れた時、この二人はなかなか帰ろうとせず、泣きじゃくる二人を夫人が強引に連れ帰ったという。

漢那は、また、陸軍士官学校で終戦を迎えた沖縄出身生徒にも手紙を出していた。

「艱難辛苦に耐え、郷土、国家の復興に尽すことが、真に国を愛することである」

と強調していた。

十一月二十六日、第八十九回臨時議会が招集された。そこで、十二月二日、「議員の戦争責任に関する決議案」が提出され、審議された。

その要旨は、軍部や財界、言論界は相次いで反省し自粛しているが、政界のみ反省の実がないというのである。そして、この決議案は起立採決にかけられた。漢那も起立した。十二月六日、漢那は、衆議院議員選挙法中改正法律案委員に任命された。しかし、この会期において翌二十一年四月総選挙が行われることが決定したが、沖縄県、千島その他海上交通杜絶その他特別の事情する地域は選挙を行わないことが決定された。漢那は沖縄戦における県民の戦闘協力を強調し反論したが、漢那を支持する代議士は一人もいなかった。

衆議院は十八日解散、漢那は失職した。当時六十八歳、十七年の政治生活をここで終えた。

翌二十一年、漢那にとって、また不幸があった。羽地《はねじ》（沖縄本島北部）に疎開していた母オトが、八十七歳の生涯を閉じた。実に気丈な母親であったが、寄る歳波には勝てなかった。

東恩納寛惇は、このオトを偲んで、次のように語っている。

「沖縄では子孫が出世して家屋敷を買ったというのが第一の孝養と考えられていたが、（漢那の母堂は）私に会う度にいつもこの事を言っておられた。別に栄華は望まないが御先祖の御位牌だけはせめて我物と名のつく家に安置したいと、口癖のように言っておられた。それが少将になっても政務次官になっても、遂に実現されなかった。

実の所無理な工面でもしない限り、家の一軒も建てると言う事は常人にはできぬ相談であった。況んや銭を愛すまじき武人に取ってはそれが寧ろ当然であった。私自身もその時には多少の無理をしてでも老後の希望をかなえて上げなされればよいのにと不満に思わぬものでもなかった。

けれども漢那さんには遂にその無理な裏門はくぐれなかった」（『東恩納寛惇全集』）

一方、連合国、とりわけアメリカの対日政策は、間断なく実施された。とくに昭和二十一年（一九四六）五月から開始された極東軍事裁判は、まさに彼らの報復とさえ言われた。また彼らは、歴史、地理、修身の授業を停止させ、戦前日本の価値観を根本から覆そうとしていたのである。

昭和二十年十月、政治犯の釈放が行われた。ここで登場したのが、沖縄出身の共産党幹部、徳田球一である。

徳田は、間もなく共産党書記長に就任、党大会において、「沖縄民族は少数民族であり、歴史的に搾取、収奪された民族である」と発言して沖縄独立論を唱えた。またこの徳田が出獄した十一月十一日、「沖縄人連盟」が都内で設立された。その目標は、沖縄に地割制（原始共産主義）の復活を求めると同時に、「朝鮮人連盟と連帯する」というのである。初代会長には伊波普猷が就いた。

なにしろ当時は、「共産党に非ずんば、人に非ず」という時流である。

共産党の主導するこの沖縄人連盟にも、にわかマルキストや、かつて京阪神地方に沖縄人集落を形成していた連中が殺到した。結果、最盛時、全国に七万の会員を擁するまでに至った。

彼らは当時いわゆる「第三国人」のように振るまい、朝鮮人の反日破壊活動にやんやの喝采を送った。そして米軍を「解放軍」と呼んだ。また、都内にあった沖縄出身学生寮、南灯寮にも赤旗が乱立し、アル中まがいの浮浪者までもが、「共産党」を自称して居座っていた。

この光景を見たGHQの一将校は、「沖縄返還にあたっては、日本復帰か、独立か、住民投票にかけることが妥当」とさえ公言するようになった。

ここで徳田球一の生立ちについて述べておこう。

徳田の父は、鹿児島出身であった。

彼が沖縄に進出して、沖縄遊女との間に生れたのが、徳田である。そして、この父親は、手広く商売を行い、相当の財をなした。とくに、徳田が沖縄一中に在校していたころ、その裕福な生活ぶりは、多くの者がうらやんだという。しかし、徳田が七高（現・鹿児島大学）に学んでいたころ、父親の事業が倒産してしまい、学費に窮してしまった。

そこで、彼は祖父の実家を訪ね、援助を頼んだのである。しかし、ここで、「女郎の子が何しにきた」と罵倒され、門前払いをくってしまった。徳田はこのときから、鹿児島県人に怨念をもつに至った。その後彼は、東京の株屋に奉公してこの株屋の主人に認められ、学資を得て弁護士になった。

ところが大正十一年（一九二二）、日本共産党が地下組織として発足したとき、徳田は入党し、中央委員に選ばれたのである。その後、昭和三年（一九二八）の一斉検挙で囚われの身になり、以来十八年間投獄されていた。

昭和三年といえば、コミンテルンテーゼで「天皇制打倒」の指令が出て、造反者が続出した年でもある。

沖縄人連盟の会長、伊波普猷は、

「沖縄にとって廃藩置県とは、薩摩からの解放であった」という持論があった。そして、この二人の薩摩観（鹿児島観）が、国家観にまで延長されていくのである。

しかし、この沖縄独立論や薩摩怨念論が、やがて、沖縄駐留米軍や日本左翼に悪用され、県民の反復帰運動（離日工作）に利用されようとは、二人とも予想だにできなかったであろう。

天皇は、飢餓に苦しむ国民をおもんぱかって、自ら皇室の財産目録をGHQに提出、対米交渉に苦悩する総理、吉田茂を感激させた。

一方徳田は昭和二十一年四月十日実施された第二十二回総選挙で共産党書記長として福岡県より立候補、当選した（昭和二十五年、マッカーサー指令により失職）。徳田は新憲法制定のため召集された第九十臨時議会において、再軍備の放棄を謳った憲法九条草案に対して公然と反対し、

「交戦権の否定は独立の否定である」

と、総理に猛然と反駁していたのである。

ところで伊波に率いられた沖縄人連盟を、石川正通《いしかわせいつう》（極東軍事裁判通訳官）はこう評している。

「先人の業績を自分がやったかのように吹聴する者が続出し、沖縄人連盟の集会は、まるでこの弁論大会の様であった。その中には、かつて軍部を賛美したり、朝鮮や満州で『日本人』と威張っていた連中がいた。しかし彼らは、終戦と同時に反国家主義の権化のようになっていた。戦後、沖縄県人は、こうも節操のない人種になり下ったのかと思い、悲しくなった」

沖縄県人会も同様であった。比嘉良篤《ひがりようとく》も、こう語っている。

「戦前のね、明治、大正の頃の県人会というのは非常にいい会でした。（中略）ところが戦後になってからは社会情勢が激変して県人会の事業内容や運営人脈がガラリと変った。生活物資を得るために第三国人的な言動をしたり、当時華やかな共産党の先陣顔をする青年達にうんざりして欠席するようになった。

その後の県人会は神山さん（神山政良）の指導で立派になるかと思ったが、親睦はそっちのけで特定の政党や思想団体にひきずられるような行動が見られたので安心してついて行けないと思った」（『沖縄現代史への証言』新崎盛暉編）

ところが、この沖縄人連盟に「配給物資を横領している」という風評が起こった。また、その指導権をめぐって内紛が頻発するようになってきた。

当時沖縄は米軍政下におかれていたため、外地から日本本土に引き揚げてきた県出身者は、長崎や舞鶴で足止めされていた。そのため、日本政府は、これらの人々に限って、生活物資を配給していたのである。

また、昭和二十五年（一九五〇）、肝心の徳田が、レッド・パージや日共の内部抗争の結果、中国へ逃亡してしまった。これとほぼ同時に沖縄人連盟は消滅した。

徳田が政界を去って以降、沖縄県民は昭和四十五年（一九七〇）十一月十五日（第三十二回総選挙）まで約二十年間、国会の議席を失うことになる。

ＧＨＱでは、天皇制の存続について激論がたたかわされていた。古今東西、戦争、敗戦という二つの責をもって王位を追われた君主は、枚挙にいとまがない。

昭和二十年九月二十七日、天皇は、連合軍最高司令官、ダグラス・マッカーサー元帥を訪問された。そして戦争責任の一切を、御自身が引き受けるむね発言された。

マッカーサーは、天皇の人格に感動した。そして、彼はただちにハリー・Ｓ・トルーマン大統領に電報を打ち、こう力説した。

「もし、天皇を裁けば日本統治には、なお百万の大軍を要する」

ちなみに、このころニュルンベルクで裁判が行われており、ドイツ、イタリアの戦争指導者が裁かれていた。ところが、被告の多くが極端な自己弁護に走り、互いにののしりあうという醜態を演じていたのである。

こうした事情から、マッカーサーは、当初、天皇が命乞いにきたものと誤解していた。

余談ではあるが、このころ、カトリック教会のパトリック・ジェームス・バーン神父（後司教）、ブルーノ・ビッテル神父（法王使節）らが天皇制を擁護し、その正当性をＧＨＱに主張した。さらに彼らは、マッカーサーの靖国神社解体案に反対した。一方、フィリピン駐在の法王大使エジッジョ・バニョッツィ司教はモンテンルパ日本人戦犯容疑者一〇八人全員の解放を実現させた。

昭和二十一年（一九四六）二月、天皇は、各都道府県を巡遊され、飢餓と敗戦のショックに苦しむ国民を激励された。もはや、そこに軍部や官僚によるカーテンはなかったのである。

こうして、直に天皇の御言葉を受けた民衆は感動した。そして我が国民は、共産主義にむしばまれることなく、国家再建へ立ち上がっていった。

マッカーサーへの沖縄返還嘆願書

敗戦後の漢那家は貧のどん底にあった。

東恩納寛惇はそのころの漢那を、

「恩給は停止され、何も彼も取りあげられて、夫人が半身不随の不自由な身で竹の子をはぎながら（手持の着物を売って生計を立てること）活路を開いていた」

と述べている（『東恩納寛惇全集』琉球新報社編）。

また、海軍、政界時代とあれだけ頻繁に漢那家に出入りしていた県出身者も、潮が引いたように来なくなった。しかし六十九歳になった漢那は泰然としていた。

当時、石川正通はこう語っている。

「先生は、よく信玄袋をもって私の事務所にいらっしゃいました。そして、『石川君、何かおもしろいものはないかね』と言われて、英字の書物をよくお捜しになっていました。世間一般では、敗戦後のことで、新聞さえ読まなかった時期です。先生の求学心には誠に頭が下がりました。ある時、ＧＨＱの友人から最新の書を求め、先生にお渡ししましたら、少年のようにお顔を輝かせてお喜びになりました」

しかし漢那は、沖縄人連盟や彼らに同調する文化人に、少なからぬ不満を表明していた。このころ県人の中には、沖縄独立論ばかりでなく中国帰属論まで言い出す者もいた。そこで漢那が、

「現在の中国は、国民党と共産党に分裂しているが、どちらへ帰属したいのか」

と尋ねたところ、彼らは答えに窮したという。このような左翼活動家にとって我が国がその後、驚異的な復興を成し、経済大国になろうとは、夢想だにできなかったにちがいない。

貧困の漢那家にも一つの光があった。

米軍人として来日した県出身二世たちが、漢那家を訪問することである。当時、この二世部隊の一人であったロイ・ウエハラは、こう語っている。

「ハワイの一世達は、『漢那提督は沖縄が生んだ最大の偉人だ』とよく語っていました。一九二七年（昭和二年）、彼がハワイを訪れた時、私は未だ三歳でしたが、父は、この偉大な沖縄県人に私を握手させたらしく、父は亡くなるまで、私の名誉だと語っていました」

「私達、日系軍人は、最初の外出日に、丸の内にあった沖縄事務所に漢那閣下を訪ねました。閣下は大変お喜びになって、私達を自宅に招いたり、岡田大将や米内大将に紹介しておりました」

彼らは、漢那家の窮状に同情して、カンヅメなどの物資を届けたり、ハワイの一世に漢那家の支援を訴えていたのである。

一方、米英軍人たちは帝国海軍に同情し、敬意を示していた。極東軍事裁判首席検事ジョセフ・ベリー・キーナンも、岡田や米内らの元提督をディナーに招待し歓談したのである。

しかし漢那は、郷土に思いを馳せ、上京する在沖縄米軍高官に会って、種々話を聞いていた。ところが昭和二十一年（一九四六）、元首里市長の仲吉良光が上京するにおよんで、その実態を知らされた。

当時県民には通行の自由もなく、那覇などの旧都市地区への居住も許可されていなかった。そこで仲吉は、人心の面からも一日も早く本土復帰を主張していたのである。

漢那は、木曜会の伊江朝助（元貴族院議員）や神山政良（元専売局局長）、高嶺明達（元通産局局長）、東恩納寛惇（都立高校教諭）らに呼びかけて、沖縄返還運動を開始した。

木曜会とは、件《くだん》の県人会や沖縄人連盟に愛想をつかした県出身識者が組織した親睦会で、毎週木曜日、定例会を開いていたのである。そして、これらの面々を中核として、「沖縄祖国復帰期成会」が組織されていくことになる。

沖縄にとって不幸がおこった。ソ連の侵略政策によってひきおこされた、冷戦の開始である。昭和二十一年十二月、中国では内戦が再発し、二十三年九月九日には北朝鮮に共産政権が誕生した。また欧州でも、チェコスロバキアやポーランドに共産政権が樹立された。

ここでついに米国は立ち上がった。トルーマン・ドクトリンの発表がこれである。

昭和二十五年（一九五〇）六月二十五、北朝鮮軍が突如韓国に侵入、朝鮮戦争が勃発した。当時日本軍の解体によって、極東に戦略的アンバランスが生じ、アジアは極めて危険な局面に立たされていた。

ここにおいて米国は反共のため、沖縄に恒久的軍事施設の建設を宣言した。そして、これをもって沖縄の施政権返還は遠のいた。

次の文章は、昭和二十一年、漢那が中心になってマッカーサー元帥に陳情した「沖縄返還嘆願書」の全文である。その史観は、徳田らと根本的に異なっている。なお、関係者の証言によれば、同嘆願書は、和文、英文の二通りで書かれ、ＧＨＱに提出された。

連合国最高司令官ダグラス・マッカーサー元帥閣下

一九四六年十月二日

閣下われわれ沖縄生れで、現在日本本土居住の下記の一群は、閣下の深い御理解と御同情を得たく本陳情書を呈上するものであります。

昨年夏、米軍占領直後の沖縄に、時を移さず軍政がしかれ、戦傷者その他のために各地に病院が開設され、手厚く療養が加えられ、また、一般には、食糧、衣類及び住宅新築の木材などの配給があり、この人道的施設に沖縄住民は、米軍政府、米国民に対し、深く感謝して居ります。住民の多数は、各自のホームグラウンドたる町や村に帰り、住宅建築、田畑の耕作に専心、戦苦も忘れ平安な生活に帰りつつあります。かく、米軍政府の好意に感激しつつあるも、日本本土同胞と血の繋りがありますので、戦前同様、日本政府行政下に帰りたい一念に燃えております。血は水よりも濃しといわれる如く、沖縄全住民は、日本民族たる自覚強烈、いかなる境遇に陥るも、本土同胞と運命を共にしたいとの念願が支配的であります。

欧米の一部には、日本国民は沖縄人民を貧乏な従兄弟と軽視し、冷遇したと論ずる者も居りますが、これは謬想で、日本政府及び日本人が沖縄人を差別待遇した事実は絶対にありません。沖縄人民は、常に本土各府県民と同等の待遇を受けてきたのであります。明治政府施政下に置かれてから七十年間、沖縄は日本の一地方として開発され、現在の沖縄民衆もまた矢張、日本国家構成分子としての存続を切望して居ります。人情自然の成り行きであります。また欧米の或る方面では、沖縄も台湾、満州の支那大陸との関係の如く浅からぬ間柄との論もあるようです。しかし、これは体質的に根本の相違があります。事実、琉球王国として、支那とは明治初年まで、実に五百年の長い間親善関係を続けてきました。沖縄人民の主食たるいも、唯一の換金作物たる砂糖もすべて支那から輸入し、広まったものであります。だから、嘗っては沖縄人は命の親たる支那との関係を永続したいと希望した時代もありました。だが、支那政府として直接沖縄の政府行政にタッチしたことはありません。支那との政治的重大な関係は冊封であります。

琉球王の変る毎に、王冠を授与するため、歴代の支那皇帝は特使を派遣しました。これを冊封と申し、沖縄では新国王の治世を飾る重大な儀式であるため、国を傾けての行事となりましたし、支那との政治関係もこの一点のみであり、それも四十年乃至五十年に一度の行事であります。沖縄は土地資源に乏しい国でありますが、沖縄人は嘗って一度も支那の保護国たらんと意図した事はありません。ひたすら貿易、文化を通じての友好関係持続を念じたのであります。

三百年前の薩摩入り以後、沖縄は支那、日本両属の姿を呈するに至りました。しかし、薩摩の征服より数百年前、日本人は沖縄に自由に渡来して居ります。その間、最も著明なるは、武人源為朝であります。為朝の長男舜天が衆に推されて国王となります。歴史上、最初の琉球国王であります。またその頃、日本の僧侶も渡来し、仏教を布教したのであります。かくの如く、日本本土と沖縄との往来は頻繁、同一国土であります。倭寇という海賊が本土、沖縄の海上に横行し、沖縄船も屢々襲撃されたので、その難を避けて専ら支那及び南洋各地へ舵を向け、本土との通融を絶つに至りました。しかし沖縄人は日本人種であり言語、風俗、習慣も同一であります故、間もなく元の関係を取り戻しました。豊臣秀吉氏が朝鮮征伐を企画するや、薩摩藩を介し、沖縄に出兵を促しました。この事実から、その時代の日本本土人が沖縄を同胞扱いしたのは明らかであります。今から三百年前の沖縄の歴史家で、政治家たる羽地朝秀《はねじちょうしゅう》氏は、言語の同一の点から日琉同祖論を唱導、今日の沖縄人もこれを信奉しています。最後の琉球王尚泰も、その感化で明治王政維新なるや日本政府の勧告に応じ、王位を抛ち、領土を奉還、東京に居を移し、沖縄県が設置されたのであります。これは子が父の家に帰る如く、極めて自然に行われ、武力行為などでの変革ではありません。明治以来、沖縄の教育は異常な進歩で全県に普及、各種産業もまた振興、定期船により本土との往来も頻繁となりました。沖縄人民は政治、行政その権利とも、本土同胞と全く平等で、みじんも差別がないのであります。この一点は沖縄が日本の一部たる確たる証拠で、毫も疑う余地はありません。この事実から、現在の沖縄人民が祖国日本に復帰したいとの熱望は自然で、深く人間性に基づくもので、他意はありません。

地理上からも、沖縄人の経済生活を支えるのも、日本本土との密接な関係が必要であり、戦前の如く、日本施政下に帰るのが沖縄人民は幸福と感じて居り、自由で人間らしい生活を取りもどしたいのが復帰の基調であります。

貴国、大なる米合衆国は、世界の恒久平和樹立と、全世界人民に福祉生活をあたえたいとの、主要な指導国家であります故、真摯な沖縄人の訴えには、耳を傾けて深く考慮して頂きたい。日本との平和会議も遠からず開催されると信じ、敢えてこの粗末な書面を呈上する次第であります。何卒御配慮下されたい。

敬具

漢那憲和　伊江朝助　東恩納寛惇　神山政良　仲吉良光　大濱信泉
伊礼　肇　高嶺明達　嘉手川重利　船越義英　亀川盛要　太田政作

（傍点筆者）

天皇の供物

沖縄政策に関しては、天皇と漢那に若干の相違があった。

昭和二十二年（一九四七）九月、天皇は御用掛の寺崎英成を通して、ＧＨＱ顧問Ｗ・シーボルトに沖縄政策について以下三項目を要望されている。

一　米国が沖縄その他の琉球諸島の軍事占領を継続するよう希望する。これは米国に役立ち、また日本に保護を与えることになる。このような措置はソ連（原文ではロシアと表記されている）の脅威ばかりでなく、占領終了後の右翼および左翼勢力が増大して、ソ連が日本に内政干渉する根拠に利用できるような〝事件〟を引き起こすことを恐れている日本国民の間での賛同を得ることだろうと思っている。

二　沖縄（および必要とされる他の島々）に対する米国の軍事占領は、日本に主権を残したままでの長期租借――二十五年ないし五十年、あるいはそれ以上――の擬制にもとづくべきであると考えている。

三　このような占領方法（日本の主権を残した統治）は、米国が琉球列島に対し永続的野心を持たないことを日本国民に納得させ、またこれにより他の諸国、とくにソ連と中国が同様の権利を要求するのを阻止するだろう。（同年九月二十二日付け、東京在合衆国対日政策顧問からの通信第一二九三号への同封文書、連合国最高司令部外交部作成）

ソ連に対する警戒感は当時良識あるほとんどの日本人が抱いていた。

ソ連は昭和二十年八月八日、対日不可侵条約を一方的に破棄、満州および北方領土に侵入した。その残虐行為、とくに満州葛根廟《かこんびょう》では避難中の邦人婦女子をソ連戦車隊が包囲して無差別射撃を加え、千三百人以上を殺害している。

ソ連軍による無差別攻撃で、満州在留邦人百六十万人のうち二十万人以上が犠牲となった。

しかも北方四島より邦人を追放し、実効支配を始めた（昭和二十一年領有宣言）。

スターリンは、我が国が降伏した翌日八月十六日、トルーマン米国大統領に対し、北海道の北半分を占領する同意を求めてきた。ここでトルーマンは十七日、「全面拒否」を表明するとともに、米海兵隊を帯広に駐屯させた。

視点を南方に転じよう。昭和二十三年六月、中国国民党軍機が石垣島旧日本海軍飛行場に強行着陸、米軍によって排除されている。

昭和二十四年暮、漢那は米海軍将校から、

「沖縄返還は、四周の状況から不可能に近い」

と返答され、落胆していた。

「もう、沖縄は帰って来ないよ」

このころ漢那は、娘婿の寛次郎に、こう語っていたという。

昭和二十五年の春を迎えた。各地で復興の音がこだまし、国土にも新緑が芽吹くようになってきた。また沖縄出身の識者で作った「正和会」という親睦会も恒例化してきた。

彼らは、ハワイや中南米の沖縄移民から送られてきた物資や家庭菜園からとれた物を持ちよって復興の朗報に花を咲かせていたのである。

ところで、このころ、中南米の日本移民の代表から、漢那に手紙が届いた。内容は、「移民の間に日本の敗戦を信じない『勝ち組』というのが生れ、一方の『負け組』と対立するようになっている。アルゼンチンやペルーでは乱闘事件まで起って、死傷者までだしている。しかも沖縄出身移民のほとんどが『勝ち組』の先陣にいて、『負け組』を攻撃してどうにもならない。このまま放置しておけば、騒ぎは大きくなる一方であるので、是非、渡米して真相を語ってほしい」

というのであった。しかし漢那は、これを辞退しながら、敗戦の事実を移民に伝えるべく、長文の手紙を書いた。またこのころ、「沖縄財団」という法人組織が設立され、漢那を理事長に迎えようという動きがあった。

「沖縄財団」とは、沖縄県知事代理官北栄造の立案で設立されたもので、本土に残された沖縄県の財産を、施政権返還まで保管管理するという目的をもった組織であった。しかし漢那はこれも断った。

健康がすぐれないのである。

昭和二十四年ころから咳こむようになり、二十五年には吐血するようになってきた。そこで内科の権威、東大医学部教授の三浦謹之助博士の診察を受けたところ、「肺ガン」と断定された。ときに、昭和二十五年五月、病状は急速に進行していた。

船越義英は、当時の漢那をこう語っている。

「お休みになってから、主治医が入院をお勧めした処『それ程ではない』と、お断りになりました。そこで、夫人が、入院を勧める様、私にお頼みになられたのです。私は、早速、先生に入院が必要であることを進言いたしました。先生は、『自分では、主治医に背こうとは思わないが、費用等の点もね、君』と、申されました。その点は、夫人がどんな事があろうと、お身体にはかえられないと心組みして居られる事をお話しいたしましたら、『それでは、御命令に服するか！』と笑われ、『僕は淋しがりやだから、一人ぼっちの部屋でなく、大部屋の方をと君から家内達へよく話してくれ給え』と言われました。

淋しがりやという先生のお言葉は、とりもなおさず、一、二等を避けて、大部屋、即ち三等をということだったのです。その御心境をお察しする時、医薬の資に迄、心痛められることの恩師の病床に、せめてその晩年をと祈りながら、門弟として後輩として、余りの無力に、意気地なさに、只々胸が痛むばかりでありました」

「御自身は、病因を少しも御存じないので、安静ということになっているのに、毎朝、髭をあたられ、ベッドの上に端座して、新聞、雑誌、単行本、とりわけ英字新聞等は、辞書迄用いられる程の読書振りでありました。

起居不能になられても、横臥のままで、新聞を雑誌を、と催促されるには弱りました。就中、東恩納先生の『南島風土記』は是非読みたいが、これ以上家族の者に迷惑をかけては、と懸念されましたので、早速、翌日、私から御届けしましたが、完了半ばに眼をつぶられたことは、今でも心残りであります」

「病院生活後半期の頃（新宿鉄道病院）、注射で痛みがやや薄らがれた時、『船越君、起してくれ、番茶が欲しい』と言われましたので、先生をベッドの上に起きていただくべく肩のあたりを支えました。そして、お茶を進じ、お見舞のお菓子を差上げました所、余程気分がおよろしかったと見え、『ああ久しぶりにホッとした。業病だね』と、弱くはあるが、はっきり口を利かれ、『僕は親不孝や友人達に不信の事をした覚えはないが、どうしてこうも苦しまなければならないのか』と微笑され、『僕も、今少し長生きして、沖縄主権の回復を聞いてから眼を閉じたいが……』と、沈痛な面もちで語られ、また、『諸君達確かに頼む』とも言われたのであります」（傍点筆者）

また、病床にかけつけた渡名喜元海軍大佐夫妻に、

「自分は、力及ばず、沖縄のために何もすることができなかった。どうか、渡名喜君、沖縄の復興と主権の回復のため活躍してくれ」

と語ったという。

七月になると、漢那の病状は悪化し、意識不明の日が続いた。また家族も、経済上の理由から、鎌倉の借家を引き払って渋谷へ引っ越した。そして漢那家は主治医へ謝礼する金もなく、夫人は、とうとう、東郷元帥の遺墨を代りに贈呈していたのである。

船越は、漢那の最期をこう述べている。

「いよいよ退院される日、玄関先であの不自由な夫人の出迎えを受けられた時、今迄一言も

云わなかった先生がタンカの上で、ここはどこかと聞かれ、夫人が『パパお帰りなさい。渋谷のお家ですよ』と申された時、静かに目をあけられ、『そうか、それはよかった。長く心配をかけて、すまなかった』と一言いわれたそうであります。そして全く意識不明となり、三浦謹之助博士の御立会いの日等、余程疼痛を訴えられ、さすが剛直の先生が口をあかれたり顔をしかめられたりしたのであります」

七月二十六日、漢那は、かすかに目を開いて夫人に語った。

「一生、お世話にあずかるばかりで、何の報いもできなかった。すまなかった」

これが、最期の言葉であった。

そして、三日後、昭和二十五年（一九五〇）七月二十九日午前四時四十分、漢那は静かに息をひきとった。

七十三年の人生を、信念の下にひたすら駆けてきた男の顔は、実に晴れやかであった。恐らく、漢那の最後の脳裏には、青い空と海に囲まれた平和な沖縄が甦り、また、血気にはやった少年時代や、栄光の海軍時代という人生のロマンが、走馬灯のようにかけめぐったことであろう。

死水をとった船越は、こう語っている。

「御臨終も立派でありました。静かに瞑目され、微笑さえ含まれた先生の偉容は、夫人心づくしの故山のかおり高い芭蕉着に、例の短袴で、ぐっすり眠られるかの様でした。そして、これから出かけようとされている様な錯覚にとらわれました」

昭和天皇は、漢那の訃報を聞かれて、痛く悲しまれた。そして葬儀の日、特に、侍従をお使いに立てられ、霊前に果物一籠、および祭粢料《さいしりょう》を下されたのである。

また、この葬儀の日（七月三十一日）、県出身者をはじめ、岡田元大将（元総理）や野村元大将（元駐米大使）、兵学校のクラスなど、元海軍軍人たちが多数集って、漢那の死を悼んだ。

「――朝野の名流を初めとして、郷党の焼香ひきもきらず、近代、稀なる盛儀であった」

と、ハワイの邦字新聞（「ヒロタイムス」）は報じている。

それから七十六日後の十月十三日、GHQは公職追放令を解除、また、翌昭和二十六年九月八日に、サンフランシスコ講和会議で我が国は独立を回復した。

なお、漢那の追悼式は、ハワイや中南米でも行われ、一世たちは仏式に、二世たちは、キリスト教の追悼ミサをもって、その死を悼んだのである。そして残された門弟船越義英は、

「沖縄の青少年が、日本人の心を失わないように」

と借財までして、毎年、沖縄の各学校に日の丸を送り続けるのであった。

ところが、この船越も、昭和三十六年（一九六一）三月二日、沖縄の復帰を見ずに漢那のもとへ旅立っていった。

遺言は「畳が切れても、壁が落ちても、沖縄を思え」であった。

漢那が没して二十二年後、米国は沖縄の施政権を日本に返還した。それから十五年後の昭和六十二年（一九八七）、昭和天皇はご病身でありながら、沖縄へのご巡遊を強く希望された。天皇に即位されて、沖縄だけは一度も行幸されていなかった。また沖縄戦で祖国の御盾となった英霊と遺族を労りたいというご信念があられたのである。

昭和六十年十月十一日、西銘順治沖縄県知事（当時）が皇居を訪れ、「昭和六十二年に沖縄で国体が開催されるにあたり、天皇、皇后両陛下ご臨席の栄を賜りますようお願い申し上げます」と要請したところ、

「沖縄といえばすぐ漢那を思い出す。漢那のお陰で大正十年に沖縄に行くことが出来た」

と、ご発言され、国体ご臨席への強い意思を表明された。

泉下の漢那や沖縄戦戦没英霊たちは、このお言葉にさぞ感涙したことであろう。

思はざる病となりぬ沖縄を
たづね果さむつとめありしを

昭和六十二年の御製である。

あとがき

昭和天皇が崩御されてはや二十年の歳月が経過した。昭和の激動の中で我が国が生存繁栄できたのは、昭和天皇のリーダーシップと、絶えず国民を思われたご温情があったればこそである。ところで私は最近、昭和天皇のもう一つの側面を発見し、改めて敬仰申し上げている。それは卓越した政治感覚をもっておられたことである。

従来、陛下のご英断でこの国が救われたのは、二・二六事件の際と、終戦間際の御前会議におけるご決意表明とされているが、実はもう一つあるのだ。

本書でも述べたが、昭和二十二年九月、陛下はＧＨＱ顧問Ｗ・シーボルトを通じて連合国最高総司令部に沖縄政策についてご意見を述べておられる。

要点は、潜在主権を残したまま施政権を一時米国に委託し、米軍駐留継続を要請しておられることである。そして我が国は主権と繁栄を回復した昭和四十七年五月十五日に、沖縄の施政権を回復したのである。

沖縄返還の際には台湾国民党が反対し、最近は中国共産党が国際問題専門誌「世界知識」

において、「(日本による)戦後の米国からの琉球接収は、国際法上の根拠を欠き、その地位は未確定のままだ」と論評している。これを見るにつけ、私は陛下のご英断を称えずにはいられないのである。

この結果、沖縄は中国内戦に巻き込まれることもなく、また我が国の施政権をも確保することができたのである。加えて我が国が沖縄を領有することによって得られる地政学的メリットは甚大であるのだ。

話は変わるが、『卜部亮吾侍従日記第3巻』(昭和六十二年十月三十一日付け)の中に、ご病床にあられた昭和天皇が、沖縄県民会議から送られた平癒祈願の署名簿の中に、「漢那」という名前があるのをご覧になられて、「これは漢那艦長の身内の者ではないか」と侍従にお尋ねになられたという記述がある。

日記にはまた、沖縄の二文字が絶えず出てくる。陛下が最晩年に至るまで沖縄のことを一日も欠かさず考えておられた証左である。

昭和六十年六月二十四日、那覇市民会館で有志多数が集まり、原書の出版祝賀会をかねて「漢那憲和を偲ぶ夕べ」が開催された。この時も昭和天皇は入江侍従長をとおして、「沖縄県民の皆様へくれぐれもよろしく」というお言葉を賜われたのである。

私は『卜部日記』を拝読し、沖縄県民として、また日本国民として昭和天皇のような名君の下に生きたことを誇りに思っている。
なお本年は、今上陛下御在位二十周年という記念すべき年である。このような年に本書を上梓できたことは望外の幸せである。

平成二十一年七月

惠　隆之介

文庫版あとがき

昨年、元号が「令和」に改まり国民は新たな時代に期待を寄せている。ところがリーダー払底の感がしてならない。そこで拙著は我国青少年にとってリーダーとは何かを示すチャートになるものと思っている。

本書の主人公・漢那憲和は今風のポピュリズム型政治家と異なり、時流や大衆に迎合することなく正義を貫いた軍人、政治家であった。戦後、沖縄への我国施政権の中断が無ければ間違いなく国政に影響力を構築していたことであろう。

ところで今年は戦後七十五年を迎える、沖縄は米軍占領直後から二十七年間にわたってその統治下に置かれた。とかく国民はこれを感傷的にとらえがちであるが実際は幸運だった。

本土国民が敗戦後の食料難に喘いでいる頃、沖縄は米国の援助に救われ有史以来最も贅沢な時代を過ごすことができた。米国はさらに統治期間中に約十億ドル（現邦貨十七兆円見当）を沖縄近代化に投入し、マラリア等の感染症を撲滅した。この時代、住民は「戦前の日本ではこうはできなかった」と口癖のように語っていた。

一方、サンフランシスコ講和条約調印の際、米国は「天皇メモ」を尊重して沖縄への我国

皇太子時代に沖縄を訪問された昭和天皇

の潜在主権を認めた。この昭和天皇のご意向こそは歴史に大きく評価されよう。私の少年時代は米国の統治下にあったが、彼らは教育行政には一切介入しなかった。そればかりか那覇港に入港する外国船の中にはこの潜在主権に敬意を表して「日の丸」を掲揚する船もあった。ところで現代の沖縄では反米軍闘争というワン・イッシュウが島を覆っている。その結果、戦後は極左系の活動家のみが偉人とされている。加えて地元メディアは戦争遂行に加担していながら戦後は手の平を返すように責任の全てを昭和天皇と軍人に転嫁した。このため漢那は完全に歴史から消し去られてしまったのだ。

メディアはとかく米国統治時代における反米軍闘争を誇張するが、台湾２２８事件で沖縄に亡命してきた台湾人達はそれを「ピクニック」と揶揄していた。また、台湾に進駐して来た中国国民党軍の冷酷さを強調し、「反対すれば一晩で粛清された」と語っていたのである。

話は変わるが、漢那を育んだ海軍兵学校に触れておきたい、これは「将校たる前に紳士たれ」という英国海軍兵学校の理念を模範に明治二年（一八六九）に設立された。そこには真のリーダー育成教育があった。

残念ながら日本のそれは帝国海軍の解体と共に七十六年の歴史に幕を降ろした。ところがその精神は防衛大学校に引き継がれている。私はこれに憧れて昭和四十九年入校した。当時は兵学校出身の教官が数名おられ、「伝統の継承」に努めておられた。同時に学生が将来、国際社会で日本の代表として振る舞えるよう徹底した機会教育が実施されていた。

私は平成九年、十六年と、米国、および英国でそれぞれ米英両国の高位高官と対談した。当時私は既に海自を辞めており、「ジャーナリスト」と言う肩書でしかなかったが、彼らは防衛大学校卒業と元海自士官という私の経歴に敬意と信頼を寄せていたのだ。

思えば、防大卒業から四十二年、教官方は既に全員が鬼籍に入っておられる。私は彼らのご恩に報いるためにも次世代に文筆を通してリーダー教育の原点を継承させて行きたいと思っている。

最後に拙著の文庫本を上梓して下さった潮書房光人新社・NF文庫編集部編集長小野塚康弘氏、関係者各位に深甚なる感謝を申し上げたい。

令和二年　元旦

恵　隆之介

参考引用文献

「一九四七年付東京在合衆国対日政策顧問からの通信第一二九三号への同封文書」（連合国最高司令部外交部作成）
「衆議院秘密会議議事録」（昭和十一年五月十一日、衆議院予算委員会会議録）
『今上陛下と昭和新政』（漢那憲和　世界社）
『天皇』（児島襄　文春文庫）
『天皇ヒロヒト』（L・モズレー著　高田市太郎訳　毎日新聞社）
『天皇・嵐の中の五十年』（矢次一夫　原書房）
『明治天皇』（渡辺茂雄　時事通信社）
『東宮御渡欧記』（溝口白羊　日本評論社）
『人間天皇激動の80年』（双葉社）
『井上成美』（井上成美伝記刊行会）
『鈴木貫太郎自伝』（鈴木一編　時事通信社）
『新版・米内光政』（実松譲　光人社）
『提督吉田善吾』（実松譲　光人社）
『歴史のなかの日本海軍』（野村実　原書房）
『軍服の修道士　山本信次郎』（皿木喜久　産経新聞出版）
『歴史と人物』第一五〇号（昭和五十八年八月二十日）市橋立彦「戦いの終った日メンスバンドと自殺薬」
『歴史と名将』（山梨勝之進　毎日新聞社）
『昭和史の軍人たち』（秦郁彦　文藝春秋）
『軍人わしが国さ』（伊藤金次郎　芙蓉書房）
『日本海軍地中海遠征記』（紀脩一郎　原書房）
『探海燈・海軍大将中村良三』（外崎克久）
『日本陸海軍の制度・組織・人事』（日本近代史料研究会　伊藤隆編　東京大学出版会）
『別冊1億人の昭和史「江田島」』（毎日新聞社）
『別冊1億人の昭和史「日本海軍史」』（毎日新聞社）
増刊『歴史と人物　証言・太平洋戦争』（中央公論社）
『水交』（水交会）
『昭和の歴史―十五年戦争の開幕』（江口圭一　小学館）
『昭和の歴史―昭和の恐慌』（中村政則　小学館）
『東条英機と軍部独裁』（戸川猪佐武　講談社）
『七つの決断』（猪木正道　実業之日本社）
『しらゆき』（島津出版会　つかさ書房）
『二・二六事件、青春群像』（須山幸雄　芙蓉書房）
『世界史』（第一学習社）

『海軍奉仕五十年回顧録』（高杉新一郎　「東京医事新誌」より）
「文藝春秋　昭和八年八月・九月号」
「文藝春秋　平成十九年十月号」
「ニイタカヤマノボレ・証言の昭和史4・太平洋戦争」（学習研究社）
『松山王子尚順遺稿』（尚順遺稿刊行会　第一法規出版）
『東恩納寛惇全集』（琉球新報社編　第一書房）
『伊波普猷全集』（伊波普猷　平凡社）
『カルテの余白』（千原繁子　若夏社）
『当間重剛回想録』（当間重剛　星印刷）
「那覇尋常小学校開校四十周年記念号」（沖縄県立図書館所蔵）
『沖縄の世相』（山城善三　沖縄文教出版）
『沖縄の百年　第一巻・近代沖縄の人びと』（新里金福、大城立裕著　琉球新報社編　太平出版社）
『赤裸々に視た琉球の現状』（松岡正男　大阪毎日新聞社）
『沖縄現代史への証言　上・下』（新崎盛暉編　沖縄タイムス社）
『沖縄県史』（沖縄県教育委員会）
『私の戦後史』（沖縄タイムス社編　沖縄タイムス社）
『沖縄の歴史』（佐久田繁編　月刊沖縄社）
「琉球教育　明治三十二年～四十四年、大正七年三月号、昭和七年五月号」
『養秀百年』（養秀同窓会）
『卜部亮吾侍従日記第3巻』
『北米沖縄人史』（北米沖縄人史編集委員会編北米沖縄クラブ）
「衆議院第七十四回帝国議会、北海道土功組合法中改正法律案委員会議録および映画法案委員会議録」（昭和十四年三月）
「大阪毎日新聞縮刷版」「毎日新聞縮刷版」「産經新聞」「琉球新報縮刷版」「海南時報」「月刊沖縄」

資料提供者および後援者名簿（昭和六十年時点・五十音順・敬称略）

穴澤百合子　新崎盛敏　伊田耕三　稲嶺一郎
石川正通　入江相政　内田一臣　大浜方栄
大嶺自栄　小田収蔵　大山朝常　加藤喜子
川平朝申　川田幸造　漢那寛二郎　漢那肇
漢那憲総　宜保俊夫　宜志政廣　金城正典
金城和彦　桑江朝幸　久田友和　小橋川共栄
国場幸昌　呉屋秀信　後藤乾一　坂本文一
新里吉一　清水隆　城間盛博　瀬長浩
関野英夫　玉栄政善　田場典正　竹内和三郎
千原繁子　筑土龍男　照屋寛善　外崎克久
渡名喜守定　戸高一成　中宗根政善　長崎律子
中村義彦　西田健次郎　西脇昌治　萩原亀三郎
文澤義永　藤田正路　枡岡智　宮平松助
宮良用勝　村上緑　山田浩嗣　山城瑞公
山本義正　山下泉　与世田勉　吉田嗣延
沖縄製粉株式会社　沖縄県資料編集所　金秀鉄工株式会社　株式会社琉球銀行
株式会社沖縄銀行　国和会　衆議院憲政記念館　史料調査会海軍文庫
水交会　東郷会　那覇市企画部市史編集室　琉球大学医学部保健学科
琉球石油株式会社

・この中にはすでに鬼籍に入られた方もおられる。ご冥福をお祈りする次第である。

漢那憲和年譜

年号・年齢	漢那憲和年譜	沖縄及び国内外の動き
明治十年（一八七七）	九月六日、漢那憲和生まれる 父・憲慎　母・オト	琉球王府特使、清国さらに英、米、蘭公使に現状維持を愁訴（清国、沖縄政策に関し日本政府に抗議）
明治十二年・二歳（一八七九）	弟・憲英誕生	内務官松田道之来琉、廃藩置県を申し渡す（沖縄県発足）
明治十五年・五歳（一八八二）	父・憲慎死去	天皇、伊藤博文に憲法調査を命じ、欧州へ派遣する
明治十六年・六歳（一八八三）	玉那覇の漢学塾に学ぶ	旭日旗を日本の軍艦旗と制定
明治十八年・八歳（一八八五）		内閣制度創設、伊藤博文が初代内閣総理大臣に
明治十九年・九歳（一八八六）		沖縄に天然痘とコレラが大流行 清国軍艦長崎に来航、水兵が市民に暴行を働く（長崎事件）
明治二十年・十歳（一八八七）	那覇小学校初等科六級へ入学し臨時試験で四級へ飛び級	天皇、海防警備の勅語発令

明治二十一年・十一歳（一八八八）	学制改正で初等科が尋常科となり、尋常三年生となるが臨時試験で四年に飛び級する	海軍兵学校、東京から江田島へ移転 沖縄県人口三十七万人
明治二十二年・十二歳（一八八九）		大日本帝国憲法発布
明治二十三年・十三歳（一八九〇）		第一回衆議院選挙 教育勅語発布 沖縄の人口四十万人になる
明治二十四年・十四歳（一八九一）	沖縄尋常中学校へ入学 下国主席教諭に琉球結髪を切られる	大津事件 清国艦隊、品川に入港
明治二十五年・十五歳（一八九二）	成績優等にて学費免除される	奈良原繁が第八代沖縄県知事になる 露国東洋艦隊、横浜に入港
明治二十六年・十六歳（一八九三）	学友会長（生徒会長）を務める	「君が代」国歌に制定 米国、ハワイ併合。ハワイ国王、日本に支援要請
明治二十七年・十七歳（一八九四）	沖縄尋常中学、初めて本土（京阪神地方）修学旅行を実施	政府、沖縄の実情調査を開始 朝鮮で東学党の乱起こる 日清戦争始まる 日清戦争で、沖縄の支那党と日本党の抗争激化

明治二十八年・十八歳（一八九五）	校長排斥ストライキを首謀し、文部省令により退校処分を受ける 文部大臣へ建白書提出	我が国、日清戦争に勝利 日清講和条約で遼東半島を得るが、露・仏・独三国の干渉を受け、清国に返還する
明治二十九年・十九歳（一八九六）	児玉沖縄中学校長解任される 海軍兵学校入学	海軍拡張計画追加案成立
明治三十年・二十歳（一八九七）	品行善良賞を授与される	
明治三十二年・二十二歳（一八九九）	海軍兵学校卒業。成績優等により恩賜の双眼鏡を授与される 少尉候補生を命じられる 練習艦「金剛」乗組みを命じられる	米国、各国に中国の門戸開放、機会均等を提言 米国、海軍力の拡張開始
明治三十三年・二十三歳（一九〇〇）	豪州、南太平洋方面へ遠洋航海 帰国後、軍艦「常磐」乗組みを命じられる	義和団事件起こり、各国居留民保護のため清国に出兵
明治三十四年・二十四歳（一九〇一）	任海軍少尉、叙正八位 「橋立」乗組みを命じられる 南洋群島、韓国方面を巡航	

明治三十五年・二十五歳 （一九〇二）	家督相続 任海軍中尉	日英同盟締結 沖縄県人口四十五万人
明治三十六年・二十六歳 （一九〇三）	「金剛」航海長心得	露国、満州を南下し竜岩浦に至る 露国、旅順に極東総督府を設置 米国、パナマ運河を永久租借
明治三十七年・二十七歳 （一九〇四）	任海軍大尉、叙正七位 「金剛」航海長、「磐手」航海長 赤痢を病む	蘭国、東インド（インドネシア）を併合 日露戦争開戦 日本陸軍、遼陽会戦に勝利
明治三十八年・二十八歳 （一九〇五）	「音羽」航海長。日本海海戦に参加	日本海軍、日本海において露国バルチック艦隊を撃滅。樺太を占領 我が国、日露戦争勝利
明治三十九年・二十九歳 （一九〇六）	日露戦争の功により功五級。金鵄勲章、年金三百円、勲五等双光旭日章海軍大学校乙種学生	サンフランシスコで日本人学童排斥運動起こる
明治四十年・三十歳 （一九〇七）	乙種学生修了、航海術専修学生に専修学生修了。海軍兵学校航海術教官兼監事を命じられる	サンフランシスコで排日暴動発生 米国の日本移民制限法成立 海軍、米国を仮想敵国とする 陸軍、六個師団を十二個師団に増設

明治四十一年・三十一歳（一九〇八）	練習艦「宗谷」航海長に補す	日米紳士協定成立 米国艦隊十六隻日本寄港（ホワイト・フリート）
明治四十二年・三十二歳（一九〇九）	「宗谷」航海長として米国・カナダ方面を巡航。「関東」航海長に補す	米国、満州の共同経営を提案、日本政府謝絶
明治四十三年・三十三歳（一九一〇）	旧琉球王尚侯爵の五女、政子と結婚 横須賀鎮守府及び第一、第二艦隊連合小演習審判官陪従を命じられる	大逆事件 韓国併合、韓国を朝鮮と改める
明治四十四年・三十四歳（一九一一）	海軍大学校甲種学生卒業 「石見」航海長心得	米国で排日運動起こる 中国で辛亥革命 南京に革命政府成立
明治四十五年・大正元年（一九一二）三十五歳	北清方面を航海 叙勲四等瑞宝章	明治天皇崩御 清朝滅ぶ。中国、中華民国と改称
大正三年・三十七歳（一九一四）	海軍軍令部参謀兼海軍大学校教官 任海軍中佐、叙正六位	第一次世界大戦勃発。日英同盟をもって我が国は独国へ宣戦布告

大正四年・三十八歳（一九一五）	長女幸子誕生 南洋群島視察	
大正七年・四十一歳（一九一八）	在ケープタウンの「対馬」艦長に補されて着任。第一次大戦終結で帰国任海軍大佐、海軍軍令部参謀に補す	米騒動起こる 原敬内閣成立 第一次世界大戦終わる
大正八年・四十二歳（一九一九）	沖縄県下を視察 特別大演習審判官	ベルサイユ講和条約により旧ドイツ領の南洋群島、中国山東省を領有、米国を刺激する
大正九年・四十三歳（一九二〇）	次女喜子誕生 御召艦「香取」艦長を拝命	国際連盟常任理事国になる 尼港事件 ドイツにナチス党誕生
大正十年・四十四歳（一九二一）	沖縄経由欧州方面を航海 各国皇帝や政府から勲章を受ける 天皇より金杯を賜る	皇太子殿下欧州外遊 原敬首相暗殺される ワシントン海軍軍縮会議 ヒットラー、ナチス党党首になる
大正十一年・四十五歳（一九二二）	「伊勢」艦長に補す	海軍軍縮の実施と造船界の不況 日本共産党秘密結社として発足 徳田球一、日共中央委員となる ムッソリーニ、政権獲得 ソビエト社会主義共和国連邦成立宣言

大正十二年・四十六歳（一九二三）	横須賀防備隊司令に補す 任海軍少将	関東大震災 沖縄県経済破綻
大正十三年・四十七歳（一九二四）	海軍軍令部出仕	大不況起こる 埴原正直駐米大使、排日問題につき米国へ抗議
大正十四年・四十八歳（一九二五）	予備役被仰付 三女百合子誕生 沖縄に秩父宮（陸軍中尉）を迎える	陸軍軍縮実施（四個師団廃止） 中国で抗日運動激化
大正十五年・昭和元年（一九二六）四十九歳	沖縄に高松宮（海軍少尉）、海軍大将岡田啓介を奉迎する	中国国民軍北伐開始
昭和二年・五十歳（一九二七）	衆議員選挙出馬決定。後援要請のためハワイ、北米方面へ遊説 著書『今上陛下と昭和新政』を上梓	金融恐慌で中小企業の倒産、失業者増大 南京事件。英米連合軍、中国を砲撃 我が国、山東出兵
昭和三年・五十一歳（一九二八）	第十六回衆議院選挙で沖縄地方区最高位当選、民政党に属す	日共中央委員徳田球一逮捕される 第二、第三次山東出兵 張作霖爆殺事件 英米、国民政府を承認

昭和四年・五十二歳（一九二九）	四女緑誕生	民政党浜口内閣誕生 世界大恐慌始まる
昭和五年・五十三歳（一九三〇）	第十七回衆議院選挙で再選される	ロンドン海軍軍縮条約調印をめぐって海軍分裂 浜口首相狙撃される
昭和六年・五十四歳（一九三一）	民政党常任幹事となる 南米諸国を視察 東京沖縄県人会長に就任	民政党若槻内閣の財政緊縮政策に陸軍、官僚反発 満州事変
昭和七年・五十五歳（一九三二）	第十八回衆議院選挙で落選	第一次上海事変 五・一五事件 満州国設立
昭和八年・五十六歳（一九三三）		ヒットラー、ドイツ首相となる 日・独、国際連盟脱退 米海軍、全艦隊の太平洋岸滞留を声明
昭和九年・五十七歳（一九三四）		我が国、ワシントン海軍軍縮条約破棄を宣言
昭和十年・五十八歳（一九三五）	後備役編入	天皇、陸軍大臣に陸軍部内の自粛を促す ドイツ、再軍備宣言 中国共産党、抗日救国を宣言 第二次ロンドン会議

昭和十一年・五十九歳（一九三六）	第十九回衆議院選挙で当選	二・二六事件 日独防共協定締結 ワシントン、ロンドン両軍縮条約失効
昭和十二年・六十歳（一九三七）	第二十回衆議院選挙で当選 北支派遣軍慰問議員団団長として渡中 『今上陛下と昭和新政』発刊禁止に	盧溝橋事件 第二次上海事変。中国国民政府、日本を国際連盟へ提訴。 国際連盟総会、日本非難決議案を可決 日本陸軍、南京を占領。米国、日本の対中国行動を非難
昭和十三年・六十一歳（一九三八）	民政党総務に就任 衆議院満州視察団団員として渡満	日独防共協定を軍事同盟に拡大したい陸軍と海軍が対立。陸軍は武漢三鎮を占領 ドイツ、満州国を承認
昭和十四年・六十二歳（一九三九）	内務政務次官に就任 議会制度審議会委員等五つの委員会の委員に任じられる	ノモンハン事件 日米通商条約破棄 国際連盟、中国援助を決議 独伊軍事同盟成立。独ソ不可侵条約調印 イギリス、フランス両国、対ドイツ宣戦布告
昭和十五年・六十三歳（一九四〇）		ドイツ軍、電撃作戦開始 イタリア対英仏宣戦布告 フランス、ドイツに降伏 日独伊三国同盟締結

		大政翼賛会発足
昭和十六年・六十四歳（一九四一）	「東条は天皇の意を解さぬ」「陸軍は天皇の言うことを聞かぬ」と講演発言、特高に監視される	日ソ中立条約 米英、在米英日本資産を凍結 米国、日本への石油輸出を停止 御前会議で日米開戦決まる ゾルゲ事件 米英中三国軍事同盟締結 我が国、対米英に宣戦布告
昭和十七年・六十五歳（一九四二）	第二十一回衆議院選挙で当選 選挙運動中、政子夫人倒れ半身不随に	ミッドウェー海戦 ガダルカナル撤退 米英ソ相互援助条約
昭和十八年・六十六歳（一九四三）		連合艦隊司令長官山本五十六大将戦死 イタリア無条件降伏 アッツ、タラワ両守備隊玉砕
昭和十九年・六十七歳（一九四四）		連合軍、ノルマンディ上陸 B—29による東京空襲始まる サイパン玉砕 東条内閣総辞職
昭和二十年・六十八歳（一九四五）	第八十七回帝国議会で衆議院議長候補に推される	沖縄本島に米軍上陸 海軍大将鈴木貫太郎組閣、和平工作開始

	十二月十八日、衆議員解散。 漢那政治生活を終える。	ドイツ、無条件降伏 広島、長崎に原爆投下 天皇、御前会議でポツダム宣言受諾を表明 ソ連、対日戦線布告（八月八日） 終戦（八月十五日） 連合軍、日本進駐開始（八月二十八日） 陸海軍解体 海軍兵学校廃止
昭和二十一年・六十九歳 （一九四六）	公職追放令。軍人恩給停止 マッカーサー元帥へ沖縄復帰嘆願書提出 母オト死去（享年八十七）	ひめゆりの塔建立 極東軍事裁判始まる 天皇、全国をご巡遊される 日本国憲法発布 ＧＨＱ、「沖縄返還に当たっては独立か日本復帰か住民投票に付す」と表明 ソ連、千島・南樺太の領有を宣言
昭和二十三年・七十一歳 （一九四八）		極東軍事裁判判決 ソ連、ベルリン封鎖開始。中国人民軍、北京無血入場。大韓民国独立宣言。朝鮮民主主義共和国独立宣言
昭和二十五年・七十三歳 （一九五〇）	七月二十九日、肺がんのため死去 十月十三日、公職追放令解除	中ソ友好同盟相互援助条約成立 朝鮮戦争勃発

昭和二十六年（一九五一）		サンフランシスコ講和会議 日米安全保障条約調印

単行本　平成二十一年九月　産経新聞出版刊

NF文庫

昭和天皇の艦長

二〇二〇年三月二十二日　第一刷発行

著　者　惠隆之介

発行者　皆川豪志

発行所　株式会社　潮書房光人新社

〒100-8077　東京都千代田区大手町一-七-二

電話／〇三-六二八一-九八九一(代)

印刷・製本　凸版印刷株式会社

定価はカバーに表示してあります

乱丁・落丁のものはお取りかえ致します。本文は中性紙を使用

ISBN978-4-7698-3157-0　C0195

http://www.kojinsha.co.jp

NF文庫

刊行のことば

第二次世界大戦の戦火が熄《や》んで五〇年――その間、小社は夥しい数の戦争の記録を渉猟し、発掘し、常に公正なる立場を貫いて書誌とし、大方の絶讃を博して今日に及ぶが、その源は、散華された世代への熱き思い入れであり、同時に、その記録を誌して平和の礎とし、後世に伝えんとするにある。

小社の出版物は、戦記、伝記、文学、エッセイ、写真集、その他、すでに一、〇〇〇点を越え、加えて戦後五〇年になんなんとするを契機として、「光人社NF（ノンフィクション）文庫」を創刊して、読者諸賢の熱烈要望におこたえする次第である。人生のバイブルとして、心弱きときの活性の糧《かて》として、散華の世代からの感動の肉声に、あなたもぜひ、耳を傾けて下さい。

＊潮書房光人新社が贈る勇気と感動を伝える人生のバイブル＊

ＮＦ文庫

シベリア出兵　男女9人の数奇な運命
土井全二郎

第一次大戦最後の年、七ヵ国合同で始まった「シベリア出兵」。日本が七万二〇〇〇の兵力を投入した知られざる戦争の実態とは。

空戦 飛燕対グラマン　戦闘機操縦十年の記録
田形竹尾

敵三六機、味方は二機。グラマン五機を撃墜して生還した熟練戦闘機パイロットの戦い。歴戦の陸軍エースが描く迫真の空戦記。

ナポレオンの軍隊　近代戦術の視点からさぐるその精強さの秘密
木元寛明

現代の戦術を深く学ぼうとすれば、ナポレオンの戦い方を知ることが不可欠である――戦術革命とその神髄をわかりやすく解説。

陸軍カ号観測機　幻のオートジャイロ開発物語
玉手榮治

砲兵隊の弾着観測機として低速性能を追求したカ号。回転翼機という未知の技術に挑んだ知られざる翼の全て。写真・資料多数。

駆逐艦「神風」電探戦記　駆逐艦戦記
「丸」編集部編

熾烈な弾雨の海を艦も人も一体となって奮闘した駆逐艦乗りの負けじ魂と名もなき兵士たちの人間ドラマ。表題作の他四編収載。

写真 太平洋戦争　全10巻〈全巻完結〉
「丸」編集部編

日米の戦闘を綴る激動の写真昭和史――雑誌「丸」が四十数年にわたって収集した極秘フィルムで構築した太平洋戦争の全記録。

＊潮書房光人新社が贈る勇気と感動を伝える人生のバイブル＊

NF文庫

提督斎藤實「二・二六」に死す
松田十刻

青年将校たちの凶弾を受けて非業の死を遂げた斎藤實の波瀾の生涯を浮き彫りにし、昭和史の暗部「二・二六事件」の実相を描く。

爆撃機入門
碇　義朗

大空の決戦兵器徹底研究

究極の破壊力を擁し、蒼空に君臨した恐るべきボマー！　世界の名機を通して、その発達と戦術、変遷を写真と図版で詳解する。

井坂挺身隊、投降せず
楳本捨三

終戦を知りつつ戦った日本軍将兵の記録

敵中要塞に立て籠もった日本軍決死隊の行動は中国軍の賞賛を浴び、厚情に満ちた降伏勧告を受けるが……。表題作他一篇収載。

サムライ索敵機敵空母見ゆ！
安永　弘

予科練パイロット3300時間の死闘

艦隊の「眼」が見た最前線の空。鈍足、ほとんど丸腰の下駄ばき水偵で、洋上遙か千数百キロの偵察行に挑んだ空の男の戦闘記録。

海軍戦闘機物語
小福田晧文ほか

秘話実話体験談で織りなす海軍戦闘機隊の実像

強敵F6FやB29を迎えうって新鋭機開発に苦闘した海軍戦闘機隊。開発技術者や飛行実験部員、搭乗員たちがその実像を綴る。

戦艦対戦艦
三野正洋

海上の王者の分析とその戦いぶり

人類が生み出した最大の兵器戦艦。大海原を疾走する数万トンの鋼鉄の城の迫力と共に、各国戦艦を比較、その能力を徹底分析。